GUIDE JURIDIQUE DES FEMMES VICTIMES DE VIOLENCES

CÉLINE MARCOVICI ET MY-KIM YANG-PAYA

ALMA, ÉDITEUR. PARIS

ISBN : 978-2-36279-175-8

Au cours de mon parcours professionnel, j'ai eu la chance de travailler avec Colette Holstein, l'une des premières femmes avocates, féministe engagée comme Gisèle Halimi. Toutes deux ont embrassé la profession d'avocat en 1946, à la sortie de la Deuxième Guerre mondiale et ont mené chacune à leur façon le même combat ; celui de faire reconnaître comme un crime le viol alors qu'à l'époque il était fréquent que des cours d'assises prononcent l'acquittement de violeurs aux motifs que ces demoiselles « l'avaient bien cherché » (*sic*).

À cette époque, l'avortement était interdit par la loi même s'il était consécutif à un viol. Les femmes étaient totalement démunies juridiquement face à leurs agresseurs et elles préféraient ne pas porter plainte. Murées dans un silence honteux, elles devaient pour certaines subir l'humiliation de se faire avorter dans la clandestinité. Ne pas en parler – voire oublier et passer à autre chose, était le plus souvent conseillé. Le traumatisme psychologique inhérent au viol et propre à chaque femme n'était pas pris en compte et encore moins son évaluation par les urgences médico-judiciaires. Les tribunaux allouaient forfaitairement une somme d'argent sans prendre réellement en considération le préjudice subi suite à un viol. Le terme même de viol n'était pas défini précisément par un texte pénal. Ce sont les juges qui en ont donné, au cours des années une définition. Et ce n'est que le 23 décembre 1980 que le viol est défini précisément par la loi comme : « *Tout acte de pénétration sexuelle de quelque nature qu'il soit, commis sur la personne d'autrui, par violence, contrainte ou surprise est un viol* » (article 222-23 du Code pénal).

Le législateur s'est mis doucement, tout doucement au travail pour permettre aux femmes de se défendre contre la violence des hommes qui plus est lorsque ces hommes sont leurs maris ou compagnons.

Le préalable était que la femme soit reconnue l'égal de l'homme ce qui ne s'est pas fait sans peine.

Ainsi, si le divorce par consentement mutuel a vu le jour en 1792 grâce à l'impulsion de la féministe révolutionnaire, Olympe de Gouges, dès 1816 le mot « divorce » est purement et simplement supprimé dans le code civil où il est rappelé que non seulement la femme doit obéissance à son mari mais qu'elle est aussi une incapable juridique. Ce n'est qu'en 1938 qu'elle acquiert une capacité juridique et ce seulement en matière judiciaire.

Quant à la possibilité de divorcer, il faudra attendre 1975 pour voir réintroduit le divorce par consentement mutuel à côté du divorce pour rupture de la vie commune et celui pour faute. N'oublions pas que la femme obtiendra le droit de vote et d'éligibilité qu'en 1944 et que la puissance paternelle perdurera jusqu'en 1970 pour être enfin remplacée par l'autorité parentale conjointe des parents sur leurs enfants, mais à la condition que les père et mère soient mariés. Quatre ans plus tard, après des débats houleux l'Interruption volontaire de grossesse est légalisée par la loi Veil. C'est véritablement à partir de 1990 que les mentalités commencent à évoluer sur le mariage. Les enfants que l'on a appelés vilement « naturels » ou encore « adultérins » vont acquérir les mêmes droits que ceux issus du mariage.

C'est aussi au début des années 1990 que les violences faites aux femmes commencent à être prises en considération. Ainsi en 1989, les pouvoirs publics affirment leur volonté de lutter contre les violences conjugales et lancent la première campagne nationale d'information et création des commissions départementales d'action contre les violences faites aux femmes (circulaire du 12 octobre 1989).

Le fait d'être le conjoint de la victime n'est plus une excuse mais constitue à partir de 1992 au contraire une circonstance aggravante (Loi du 22 juillet 1992). Cette même année, le viol entre époux est reconnu et sanctionné par la Cour de cassation (Ch. crim du 11.06.92 jurisdata 1992-001731).

Mais c'est seulement au début de ce siècle que la nécessité de légiférer pour endiguer les violences physiques, sexuelles ou psychologiques dont sont victimes les femmes dans leurs couples, au travail ou dans leur vie de tous les jours a été prise en compte eu égard au chiffre alarmant de femmes mourant chaque année sous les coups d'un compagnon.

Il s'en est suivi tout un train de réformes :

En 2001: Toutes mesures discriminatoires prisent à l'encontre d'un salarié qui a subi ou refusé de subir des agissements de harcèlement sexuel sont interdites et les victimes, comme les témoins peuvent déclarer comme domicile l'adresse du commissariat ou de la brigade de gendarmerie.

En 2004 : Le juge aux affaires familiales peut statuer en urgence sur l'attribution du domicile conjugal et décider de l'éloignement du conjoint violent dès les premiers actes de violence et ce, avant le déclenchement de la procédure de divorce.

En 2005 : L'éloignement de l'auteur des violences (conjoint ou concubin) du domicile de la victime est facilité à tous les stades de la procédure devant les juridictions répressives. La possibilité d'une prise en charge sanitaire, sociale ou psychologique est prévue.

En 2006 : Le champ d'application de la circonstance aggravante est étendu à de nouveaux auteurs (pacsés et « ex »), à de nouvelles infractions (meurtres, viols, agressions sexuelles). L'éloignement de l'auteur de l'infraction du domicile de la victime est facilité. Le viol entre époux est enfin puni pénalement lorsqu'il démontre une véritable volonté du conjoint violeur d'assujettir sa victime. Pour lutter contre les mariages forcés, l'âge légal du mariage des femmes est aligné sur celui des hommes.

En 2007 : Le suivi socio-judiciaire avec injonction de soins est étendu aux auteurs de violences commises au sein du couple ou à l'encontre des mineurs.

En 2010 : La délivrance par le juge aux affaires familiales d'une ordonnance de protection des victimes, en urgence, dans le cas de violences exercées au sein du couple ou pour des personnes menacées de mariage forcé voit le jour. Le juge peut prendre des mesures provisoires en matière d'exercice de l'autorité parentale, d'attribution de la jouissance du logement conjugal pour les enfants exposés aux violences conjugales. L'expérimentation du port d'un bracelet électronique pour contrôler l'effectivité de la mesure d'éloignement du conjoint violent est instaurée.

Trois nouveaux délits sont créés. Ceux de violences psychologiques, de harcèlement au sein du couple et de violences habituelles au sein du couple. La circonstance aggravante de mariage forcé et l'aggravation des peines applicables en cas de menaces proférées à l'encontre d'un conjoint, d'un concubin ou d'un partenaire lié à la victime par un PACS sont introduites dans le code pénal.

En 2012 : Le harcèlement sexuel est défini plus précisément et largement.

C'est dans ce contexte législatif qu'en juillet 1997, nous décidons de créer avec mon associée Colette Holstein et ma consœur Sonia Cohen-Lang, l'Association avocats femmes et violences grâce à Mme Bernard-Requin, vice-procureur près du tribunal de grande instance de Paris, qui a pris la formidable initiative de convoquer les avocats de la place de Paris pour les sensibiliser aux violences faites à l'encontre des femmes.

Une poignée d'avocats ont répondu présent, car à l'époque l'accueil et l'écoute des femmes violentées n'étaient pas reconnus comme une spécificité juridique. Mme Bernard-Requin a alors émis l'idée de nous fédérer au sein d'une association subventionnée par l'ordre des avocats de Paris et c'est ainsi qu'A.F.V. a vu le jour.

Tout était à faire notamment créer une transversalité, des échanges et des liens de confiance avec les autres associations dont l'objet est d'accueillir et accompagner les femmes violentées. Il fallait aussi impliquer les magistrats au civil comme au pénal. Le but : faire avancer le droit afin que les femmes disposent d'armes juridiques efficaces pour se défendre face à la violence.

Pourtant, près de vingt ans plus tard, il faut encore marteler que l'on ne dépose plus de main courante quand on est la victime de violences, que l'on peut porter plainte dans le commissariat de son choix et que ce choix nous appartient, que l'on a droit à être assistée et avisée tout comme le prévenu si une audience correctionnelle doit se tenir, qu'il faut se rendre aux urgences médico-judiciaires, que l'on peut saisir la commission d'indemnisation des victimes d'infractions pour faire évaluer et indemniser son préjudice, que l'on peut obtenir en urgence l'éloignement de son compagnon violent et encore beaucoup d'autres mesures qui sont souvent méconnues.

La femme qui est la proie de violences, qu'elles soient physiques ou verbales ou même psychologiques disposent d'armes juridiques pour se défendre et pour que ces violences cessent.

My-Kim YANG-PAYA

SOMMAIRE

Si vous vivez sous le même toit que votre agresseur et qu'il est votre compagnon, mari ou concubin, que vous soyez pacsée ou pas, la première priorité est de ne plus être en contact avec lui. Soit vous quittez le domicile car vous en avez la possibilité, soit vous devez obtenir son expulsion au plus vite. La deuxième partie de ce livre vous sera utile car, même en dehors d'une plainte pénale, le juge aux affaires familiales du tribunal de grande instance de votre domicile peut rendre une ordonnance de protection dans des délais assez brefs mais bien sûr sous certaines conditions. Vous pourrez alors obtenir l'éloignement de votre mari, concubin ou compagnon violent que vous ayez ou non des enfants en commun.

La première partie de ce livre concerne toutes les femmes victimes de violences. En effet, elle traite des crimes et délits attachés aux actes de violence ceux qui sont jugés par les cours d'assises et les tribunaux correctionnels suite à l'intervention des forces de police alertées par votre plainte ou par des tiers.

Si vous avez des enfants avec un homme qui vous violente, sachez que ces actes de violences ne sont pas sans conséquences : le juge doit en tenir compte pour fixer le droit de visite et d'hébergement de ce père violent. C'est la troisième partie de ce livre qui aborde ce grave problème de l'impact de la violence sur les enfants.

Plus concrètement, voici trois affaires. Dans les trois cas, nos clientes ont recouru au droit.

AFFAIRE TYPE N°1

Madame X est mariée que depuis un an, elle n'a pas d'enfant. Elle a rencontré son mari à l'étranger, dans son pays qu'elle décide de quitter pour vivre avec lui en France. Elle ne connaît encore personne, ni ami, ni voisin. Son frère travaille en France mais son mari l'empêche de communiquer avec lui. Il devient très vite violent, la frappe tous les soirs et l'oblige à avoir des rapports sexuels. Soit quand il rentre du travail, soit quand il se rend inopinément au domicile qu'elle a interdiction de quitter. Il entend surveiller ses faits et gestes. Heureusement, un soir qu'il pense l'avoir enfermée au domicile, elle réussit à s'enfuir. Elle se retrouve dans la rue complètement affolée et démunie. C'est grâce à un passant que le commissariat de son quartier est alerté et prend sa plainte. L'affaire sera jugée devant le tribunal correctionnel qui condamnera ce mari violent à plusieurs mois de prison avec sursis mais ne le renverra pas devant la cour d'assises pour viol entre époux. Dans le même temps Madame X saisira le juge aux affaires familiales pour obtenir son divorce mais, ayant quitté le domicile familiale et ne comptant pas le regagner, elle ne sollicitera pas d'ordonnance de protection.

Dans cette affaire la première partie de ce livre aurait intéressé Madame X.

AFFAIRE TYPE N°2

Madame Y est mariée depuis 20 ans, elle a trois enfants. Depuis toutes ces années elle subit devant ses enfants la violence verbale et physique de son mari. Dès que l'aîné a été majeur, il a préféré faire un prêt à la banque pour financer ses études de médecine et quitter ce domicile familial violent où il ne peut plus se concentrer. Les deux autres enfants en veulent à leur mère de ne pas avoir réagi avant et de ne pas avoir décidé d'engager une procédure de divorce. Elle s'est enfin décidée car elle se rend maintenant compte que la violence qu'elle subit journellement a des retentissements douloureux pour ces enfants. C'est le départ de son aîné qui l'a faite réagir. Jusqu'à présent elle pensait qu'elle ne s'en sortirait pas financièrement car elle gagne la moitié d'un smic et son époux plus de cinq mille euros.

Il est urgent que ce monsieur quitte le domicile familial tant pour Madame Y que pour ces enfants qui s'interposent de plus en plus aux coups que leur mère reçoit. Une plainte sera déposée mais les policiers ne prendront aucune mesure d'éloignement préférant ordonner une enquête sociale sur les enfants. Le juge aux affaires familiales sera donc saisi d'une demande d'ordonnance de protection pour obtenir l'expulsion du mari violent, mais également une contribution pour l'entretien et l'éducation des enfants ainsi qu'une pension pour sa femme en attendant qu'une procédure de divorce soit mise en route.

Dans cette affaire les première et deuxième parties de ce livre auraient intéressées Madame Y et la troisième lui aurait permis peut-être de réagir plus vite.

AFFAIRE TYPE N°3

Madame Z vit en concubinage avec Monsieur T depuis une dizaine d'années. Elle a eu avec son concubin un enfant. Monsieur T se montre depuis la naissance de leur enfant, quotidiennement violent à l'égard de sa concubine. Ces actes se traduisent par des violences physiques et ce, devant leur enfant. Au sein de ce foyer, seul Monsieur T travaille. Madame Z est mère au foyer. Elle se trouve alors dans une situation de dépendance économique à l'égard de son concubin et ne peut ainsi le quitter pour des raisons purement financières.

Toutefois, leur enfant alors âgé de huit ans est très perturbé par cette situation bien que Madame Z essaie de le préserver de ce climat de violences. Parfois, Madame Z est dans un tel état qu'elle ne peut accompagner leur fils à l'école. Leur enfant manque ainsi régulièrement les cours. L'enseignante a remarqué que leur fils est très perturbé et n'arrive pas à se concentrer en cours. Il n'arrive pas non plus à jouer avec ses camarades. La vision de ces violences au quotidien a traumatisé cet enfant.

L'enseignante n'a pas eu d'autre choix que de signaler cette situation auprès de la cellule départementale des informations préoccupantes afin que le président du Conseil départemental soit avisé de cette situation de danger pour le mineur.

La finalité de cette transmission est d'évaluer la situation d'un mineur et de déterminer les actions de protection et d'aide dont ce mineur et sa famille peuvent bénéficier.

Madame Z ayant été convoquée par des travailleurs sociaux, elle a pu être orientée vers des associations qui peuvent l'aiguiller dans ses démarches, l'informer de ses droits en tant que femme victime de violences.

Ayant peur de la réaction de son concubin, elle n'a pas osé entreprendre les premières démarches ni même déposer plainte et est restée dans cette situation. Dans la mesure où la situation n'a pas favorablement évolué pour l'enfant, le président du Conseil départemental a signalé cette situation de danger pour l'enfant au procureur de la République, lequel a saisi le juge des enfants afin que celui-ci place l'enfant dans un foyer ou dans une famille d'accueil.

C'est uniquement une fois le Juge des enfants saisi que Madame Z a pris conscience qu'elle risquait fortement d'être séparée de son fils. Son premier réflexe a été alors de reprendre contact avec les services sociaux et de tout faire pour obtenir urgemment, via les associations d'aide aux victimes, un nouveau logement afin d'y vivre avec son fils. L'enfant est également suivi par un pédopsychiatre. Madame Z aurait dû initier rapidement une procédure devant le juge aux affaires familiales afin d'obtenir une ordonnance de protection.

Le juge des enfants devra ainsi lors de son audience apprécier les nouvelles conditions de vie pour l'enfant.

Madame Z a également décidé de porter plainte à l'encontre de Monsieur T afin de dénoncer les violences subies. Madame Z devra ensuite saisir le juge aux affaires familiales pour faire fixer la résidence habituelle de leur enfant à son nouveau domicile et solliciter une contribution à l'entretien et à l'éducation de celui-ci. Quant aux droits de Monsieur T, Madame Z devra, dans l'intérêt de leur enfant, solliciter qu'il exerce dans un premier temps un droit de visite dans un lieu médiatisé afin de s'assurer qu'il est capable d'assumer son rôle de père. Une enquête sociale ainsi qu'une expertise psychologique pourront aussi être sollicitées devant le juge aux affaires familiales.

Dans cette affaire, tant la troisième partie que les première et deuxième parties de ce livre auraient intéressées Madame Z.

PARTIE I

Les violences faites aux femmes sont punies par les tribunaux correctionnels et les cours d'assises : pourquoi ? comment ?

Toute forme de violence faite aux femmes constitue une situation de danger qu'il convient de signaler.

Cette situation de danger touche au premier plan la femme victime de ces violences mais aussi, quand elles ont lieu dans le cadre familial, les enfants du couple.

Le terme « toute forme de violence » englobe le délit de violence physique ou psychologique mais aussi le crime de viol ou le meurtre, voire l'assassinat. La violence, quelle que soit son degré de gravité, ne doit pas être tolérée mais au contraire stoppée dès le premier geste ou attitude qui laisse présager une atteinte à l'intégrité physique ou psychologique de la femme.

Cependant, il est souvent difficile de déterminer ce qui est ou non répréhensible, surtout quand on est sous l'emprise d'un homme violent. Ce qui est pour certaines naturellement punissable ne le sera pas pour d'autres qui ne porteront jamais plainte par peur des représailles ou du fait qu'elles ignorent la suite de ce qui les attend après avoir franchi la porte du commissariat.

Certaines ignorent que le simple fait de lever la voix sur elle, d'exercer une pression au travail sous forme de propos liés à son physique ou de laisser sous-entendre un avantage quelconque moyennant même un simple baiser n'est pas seulement inadmissible ; elles ont des droits et des moyens pour y mettre fin.

Mais avant d'engager des poursuites pénales et donc de se rendre au commissariat, il faut qu'elles puissent qualifier pénalement les actes dont elles sont victimes. Elles en seront d'autant plus rassurées qu'elles sauront que ces actes sont des délits ou des crimes et que leur auteur encourt une peine d'amende et/ou des années de prison qui peuvent être plus ou moins longues.

Pourquoi porter plainte ? À quelle infraction correspond l'acte de violence dont je suis victime ?

Le droit pénal français reconnaît trois catégories d'infraction : les crimes, les délits et les contraventions. Les crimes sont jugés par des cours d'assises, les délits par les tribunaux correctionnels et les contraventions par les tribunaux de police.

A. JE SUIS VICTIME DE VIOLENCES PHYSIQUES

Depuis 1992, les violences commises à l'encontre de son conjoint ou concubin constituent une circonstance aggravante et ce, quel que soit le taux d'incapacité totale de travail qu'elles ont causé.

Or, en principe, toutes les violences physiques sont punissables en fonction de l'incapacité totale de travail qu'elles ont entraînée[1].

Les violences légères qui n'ont entraîné aucune incapacité de travail ou les violences qui, en l'absence de circonstances aggravantes, ont entraîné une incapacité totale de travail inférieure ou égale à huit jours font l'objet de contraventions[2].

1. L'incapacité totale de travail est une incapacité de s'adonner à un travail quelconque et à tout travail corporel en général, sans nécessairement qu'il s'agisse d'une incapacité absolue qui interdirait au blessé le moindre effort musculaire. À cet égard, elle peut être constituée alors même que la victime est capable de se livrer à un effort physique, tel que par exemple l'accomplissement de tâches ménagères.
2. Article R 624-1 et R 625-1 du Code pénal.

Les violences qui ont entraîné une incapacité totale de travail supérieure à huit jours sont des délits et si, elles ont entraîné la mort, il s'agit d'un crime.

Il peut y avoir violence physique alors même qu'il n'y a pas de contact entre la victime et l'auteur lorsque l'agression commise provoque sur elle une émotion aussi forte que des coups et blessures.

Tel est le cas lorsqu'une personne est menacée avec un revolver ou une tronçonneuse, ou lorsqu'une personne frappe le plancher pour empêcher la victime de dormir. Lorsque du fumier ou du purin est jeté dans le lieu de vie d'une personne, ou encore le fait, pour un mari, de lever une main menaçante sur son épouse si cette dernière s'est heurtée à un meuble pour éviter une gifle.

Ainsi, si les violences ont été commises par le conjoint ou le concubin de la victime cela constitue une circonstance aggravante et donc, quel que soit le taux d'incapacité, elles constituent un délit.

Même en l'absence d'incapacité l'auteur de violence devra comparaître devant un tribunal correctionnel.

Depuis 2006 cette circonstance aggravante a été étendue à l'ancien mari ou concubin[3].

Désormais, depuis la loi du 9 juillet 2010, cette circonstance aggravante concerne les conjoints, concubins, partenaires de PACS ou anciens concubins, anciens conjoints ou anciens partenaires de PACS[4].

3. Loi n° 2006-399 du 4 avril 2006 renforçant la prévention et la répression des violences au sein du couple ou commises contre les mineurs.
4. Article 132-80 du Code pénal modifié par loi n°2010-769 du 9 juillet 2010.

B. JE SUIS VICTIME DE HARCÈLEMENT MORAL ET DE VIOLENCES PSYCHOLOGIQUES

Les violences psychologiques sont plus difficiles à identifier.

Une répression spécifique des violences psychologiques exercées au sein du couple a été développée récemment.

Le Code civil évoque désormais « *les pressions ou violences, à caractère physique ou psychologique, exercées par l'un des parents sur la personne de l'autre* »[5].

Elles sont également mentionnées expressément dans le Code pénal, depuis la loi du 9 juillet 2010[6].

Mais, avant cette codification de 2010, la jurisprudence s'était développée en ce sens dès lors que la loi ne distinguait pas - et donc n'excluait pas - violence physique et violence psychologique.

De surcroît, le Code pénal incrimine également depuis la réforme de 2010 le harcèlement moral dans les relations de couple, ou d'ancien couple, dès lors qu'un membre du couple est victime de propos ou comportements répétés ayant pour objet ou pour effet une dégradation de ses conditions de vie se traduisant par une altération de sa santé physique ou mentale[7].

Ces violences du quotidien, plus insidieuses mais tout autant destructrices, sont maintenant reconnues expressément. Cela permet donc, aux victimes elles-mêmes ou à leurs proches, de mieux les identifier.

---

5. Article 373-2-11 du Code civil.
6. Article 222-14-3 du Code pénal.
7. Article 222-33-2-1 du Code pénal.

La difficulté réside dans la preuve de l'existence de vexations, paroles blessantes, injures, privations, atteintes au bien-être et aux libertés. Elles ne peuvent être matérialisées par une simple constatation.

Il s'agira dans ce cas de préparer des dossiers étoffés par des attestations de proches, des planning et agendas du quotidien, courriels et sms notamment.

À ce propos, et quand bien même la législation spécifique est applicable aux relations de couple, le harcèlement moral des femmes n'est pas limitée au domicile, bien au contraire.

Qu'il s'agisse de harcèlement sexuel ou moral, qu'il ait lieu dans la rue ou même au travail, il peut bien évidemment être sanctionné s'agissant d'une violence[8].

La loi du 4 août 2014 a renforcé la protection contre le harcèlement moral et sexuel au sein du couple et au travail[9].

En effet, désormais, la loi n'évoque plus des agissements mais des propos ou des comportements répétés « *ayant pour objet ou pour effet une dégradation des conditions de travail susceptible de porter atteinte à ses droits et à sa dignité, d'altérer sa santé physique ou mentale ou de compromettre son avenir professionnel* ». Ce qui est beaucoup plus large.

Les peines d'amende et de prison sont notablement augmentées dans certains cas[10].

8. Article 222-33-2 du Code pénal.
9. Loi n° 2014-873 du 4 août 2014 pour l'égalité réelle entre les femmes et les hommes.
10. Article 41 de la Loi n°2014-873 du 4 août 2014 pour l'égalité réelle entre les femmes et les hommes.

Par ailleurs, depuis la Loi du 4 août 2014, le délit de harcèlement par voie électronique est consacré[11].

Désormais, les appels téléphoniques malveillants réitérés, les envois réitérés de messages malveillants émis par la voie des communications électroniques ou les agressions sonores en vue de troubler la tranquillité d'autrui, sont punis d'un an d'emprisonnement et de 15 000 euros d'amende.

C. JE SUIS VICTIME D'AGRESSION SEXUELLE

Une agression sexuelle est une atteinte sexuelle commise avec violence, contrainte, menace ou surprise. Il peut s'agir, par exemple, d'attouchements, de caresses de nature sexuelle, ou de viol.

Le viol se distingue des autres agressions sexuelles en ce qu'il suppose un acte de pénétration sexuelle, de quelque nature qu'il soit, commis également avec violence, contrainte, menace ou surprise.

Le viol entre époux, tout comme les agressions sexuelles entre époux, est une infraction pénale qui est sanctionnée depuis la loi du 4 avril 2006[12]. Il s'agit d'un crime aggravé.

La loi du 9 juillet 2010 est allée plus loin en supprimant la présomption de consentement à l'acte sexuel entre époux. Jusqu'alors, il était nécessaire de prouver l'absence de consentement à la relation sexuelle dès lors que la victime était mariée à l'auteur de l'infraction. Désormais, le fait que l'auteur du viol et la victime partagent le même toit n'a plus d'incidence.

11. Articles 222-16, 222-33-2 et 222-33-2-2 du Code pénal.
12. Cf. note 4.

Pour autant, la preuve d'un viol au sein d'un couple n'est pas évidente à rapporter. Il est donc conseillé de faire constater aux urgences médico-judiciaires ou auprès d'un médecin les lésions physiques qui accompagnent bien souvent l'acte de viol.

D. JE SUIS VICTIME D'INTERRUPTION FORCÉE DE GROSSESSE

Beaucoup ignorent que le Code pénal sanctionne très lourdement ceux qui provoquent un avortement chez une femme sans son consentement. Cet acte est un délit puni de cinq ans d'emprisonnement et de 75 000 euros d'amende[13].

De surcroît, depuis la loi du 5 août 2013, la tentative d'interruption non volontaire de grossesse est également érigée en infraction délictuelle punie des mêmes peines.

Auparavant, aucune disposition expresse n'existait, de sorte que si la tentative d'avortement était réalisée par une intervention chirurgicale réalisée par contrainte sur la femme enceinte, elle ne pouvait être sanctionnée que comme un acte de violence. En revanche, si la tentative d'avortement était réalisée en administrant à la femme enceinte, à son insu, une pilule abortive, l'acte commis pouvait ne pas être punissable si l'avortement n'aboutissait pas ou si la femme enceinte n'était pas blessée ou intoxiquée.

Désormais, la personne qui tente de commettre ce délit encourra les mêmes peines que celui qui l'a effectivement commis, quelles que soient les circonstances.

---

13. Article 223-10 du Code pénal.

E. JE SUIS VICTIME D'UN MARIAGE FORCÉ

Le mariage forcé se définit comme le fait d'exercer sur autrui toute forme de contrainte ayant pour but de lui faire contracter un mariage ou conclure une union sans son consentement libre.

La loi du 4 août 2006 a aligné l'âge légal du mariage des femmes sur celui des hommes[14].

L'incrimination de la contrainte au mariage n'est pas une infraction autonome, malgré la proposition de loi en ce sens qui n'a pas été adopté par l'Assemblée nationale.

Pour autant, le mariage forcé est érigé en circonstance aggravante des violences, meurtres et actes de barbaries[15].

*

L'identification des violences subies par les femmes, par les victimes elles-mêmes, leurs proches, ou le personnel social et associatif, est fondamentale pour mettre en œuvre la protection juridique.

Il s'agit de la première étape, qui permet d'enclencher une procédure pénale et donc tout le dispositif juridique de protection qui en découle. Elle permet aussi de mettre des mots sur un vécu douloureux, de sortir d'un isolement et d'une forme de culpabilité en osant envisager être une des nombreuses victimes de violences.

14. La loi n°2006-399 du 4 avril 2006 renforçant la prévention et la répression des violences au sein du couple.
15. Articles 221-4 10° ; 222-3 6bis; 222-8 6bis ; 222-10 6bis du Code pénal notamment.

Comment engager les poursuites ?

A. DÉPOSER UNE PLAINTE, UNE MAIN COURANTE OU FAIRE DRESSER UN PROCÈS-VERBAL DE RENSEIGNEMENT JUDICIAIRE ?

Le premier réflexe, lorsqu'une personne subit des violences, est de porter plainte. Bien souvent, malheureusement encore, l'officier de police judiciaire ou le gendarme décidera de lui-même de refuser de prendre la plainte et incitera la victime à n'établir qu'une simple main courante.

Or, seule la plainte permet de déclencher la procédure judiciaire à l'encontre de l'auteur des faits de violence afin qu'il réponde de ses actes devant la justice et permet en principe l'intervention des forces de l'ordre.

Il est donc important de savoir comment et où porter plainte.

1-LE DÉPÔT DE PLAINTE

La plainte peut être déposée à toute heure et dans n'importe quel commissariat ou gendarmerie, à charge pour ces derniers de transmettre la plainte au service ou tribunal territorialement compétent[16].

Ces services ont l'obligation de l'enregistrer. Que les faits soient anciens ou récents, ils ont l'obligation d'enregistrer la plainte, même si le plaignant ne dispose pas d'un certificat médical.

16. Article 15-3 du Code de procédure pénale.

Une fois les faits rapportés par la victime, un récépissé lui est remis, ainsi qu'à sa demande, une copie de sa plainte.

Si la femme ne peut se déplacer ou si le commissariat ou la gendarmerie refuse de prendre la plainte, elle a la possibilité de porter plainte auprès du tribunal de grande instance du lieu où l'infraction a été commise par lettre recommandée avec accusé de réception, adressée au Procureur de la République, à laquelle il faut joindre toute photo, certificats médicaux, attestations des témoins.

Il faut savoir que certains commissariats sont dotés de référents, c'est-à-dire d'officiers de police judiciaire ayant une formation spécifique en matière de violences intrafamiliales.

Par ailleurs, lorsque le commissariat refuse de prendre la plainte, il faut savoir que la victime de violences a la possibilité de joindre le Procureur de la République de permanence afin de signaler un tel refus.

Dès ce stade de la procédure, il est conseillé de faire appel à un avocat afin qu'il puisse guider la victime de violences dans l'ensemble des démarches à accomplir.

Ainsi, la plainte permet à la justice de prendre des mesures pour assurer la sécurité des femmes victimes de violences et, éventuellement, celle de leurs enfants.

Dès le dépôt de plainte, l'enquêteur doit fournir un certain nombre d'informations à la victime dont notamment :

– La possibilité, sur autorisation du procureur de la République ou du juge d'instruction, de se domicilier auprès des services de police dans le cas où la victime souhaiterait se séparer du prévenu et dissimuler à ce dernier sa nouvelle adresse.

– La délivrance obligatoire d'un avis à la victime l'informant de ses droits à obtenir réparation du préjudice, à se constituer partie civile, à choisir un avocat ou s'en voir désigner un par le bâtonnier, à bénéficier du soutien de l'association d'aide aux victimes et à saisir la commission d'indemnisation des victimes d'infractions (CIVI).

– Si la personne violentée ne souhaite pas porter plainte, il lui est néanmoins fortement recommandé de déposer une main courante auprès d'un commissariat ou de faire dresser un procès-verbal de renseignement judiciaire à la gendarmerie afin de déclarer les violences qu'elle a subies. À la demande du plaignant, un récépissé de la déposition lui sera remis ainsi que la copie intégrale de la déclaration.

2-LA MAIN COURANTE, UNE SIMPLE DÉCLARATION

La main courante permet seulement de conserver une trace écrite des violences dont la personne a été victime.

En principe, la main courante ne donne lieu à aucune enquête, ni à aucun suivi judiciaire.

Cette formalité sera utile si la victime décide d'engager plus tard une action judiciaire.

Il en est de même pour le procès-verbal de renseignement judiciaire.

3-LE PROCÈS-VERBAL DE RENSEIGNEMENT JUDICIAIRE

À la différence de la main courante, il est systématiquement transmis à l'autorité judiciaire. Cependant, en cas de gravité particulière, la main courante, le rapport d'intervention ou le procès-verbal de renseignement judiciaire, devra être transmis à l'autorité judiciaire, même en l'absence de plainte.

En revanche, la main courante et le procès-verbal de renseignement judiciaire ne sauraient constituer le procédé privilégié de révélation des faits de violences et ce, pour plusieurs raisons :

Aucune enquête n'est en général diligentée sur la base d'une main courante ou d'un procès-verbal de renseignement judiciaire alors que ces faits sont graves par essence.

Nombres de victimes de violences au sein du couple éprouve de grandes difficultés à faire la démarche d'une révélation publique des faits, de sorte qu'il importe de saisir l'occasion de leur présence pour diligenter une enquête sur une situation parfois déjà ancienne.

Des simples mains courantes ou procès-verbaux de renseignement judiciaire ne peuvent en aucun cas rendre compte de la complexité et du contexte de faits de cette nature.

B. LES DIFFÉRENTS DÉLAIS DE PRESCRIPTION RELATIFS AUX DÉPÔTS DE PLAINTE

Le délai pour porter plainte varie selon le type d'infraction commise par l'auteur des faits (contravention, délit ou crime). Il se calcule en principe à partir du jour où l'infraction a été commise.

En principe, les délais de prescription sont les suivants :

- 1 an en matière de contravention[17] ;
- 3 ans en matière de délit[18] ;
- 10 ans matière de crime[19].

Toutefois, si la victime est mineure, le délai pour porter plainte est plus long. Pour certains crimes et délits commis contre une femme mineure notamment[20], le délai de prescription relatif au dépôt est plus long. En effet, il sera de vingt ans et ne commencera à courir qu'à compter de sa majorité. Ainsi, par exemple, en cas de viol, la victime pourra porter plainte jusqu'à ses 38 ans.

C. DOIS-JE OBLIGATOIREMENT FAIRE CONSTATER LES VIOLENCES SUBIES ?

Dans tous les cas, il est fortement recommandé de prendre des photos des blessures, lesquelles serviront à étayer ultérieurement un dossier.

Il est également nécessaire dès l'apparition des blessures et traumatismes de pratiquer un examen médical chez un médecin ou au service d'urgence d'un hôpital.

Un tel examen permettra de faire constater les traces de coups ou les traumatismes psychologiques causés par les violences.

Un certificat médical constatant ces blessures et traumatismes sera alors délivré à la personne

17. Article 9 du Code de procédure pénale
18. Article 8 du Code de procédure pénale
19. Article 7 du Code de procédure pénale
20. Articles 7 et 8 du Code de procédure pénale

concernée. Il constitue un acte médical authentique attestant par écrit, de la part d'un professionnel extérieur au cercle familial, l'existence de lésions traumatiques ou de symptômes traduisant une souffrance psychologique.

Ce certificat médical de constatation peut être rédigé par tout médecin (médecin traitant, urgentiste ou exerçant dans une unité médico-judiciaire (UMJ) ou au sein d'une association). Si, ainsi qu'il a été rappelé précédemment, le médecin traitant ou l'urgentiste constitue souvent le tiers professionnel le plus accessible pour la victime, les praticiens des unités médico-judiciaires – si de telles structures existent à proximité du domicile de cette dernière, sont particulièrement aptes à rédiger le certificat médical de constatation de par leur expérience et leur absence de toute relation thérapeutique habituelle avec la victime.

En effet, le médecin est parfois le seul à savoir que sa patiente est en réalité la victime de violences. Tenu au secret professionnel, il peut se révéler impuissant face à cette situation.

Toutefois, lorsque la patiente concernée a subi des violences ou des sévices, le Code pénal autorise une dérogation, quoique restreinte, à ce principe du secret professionnel.

Ainsi, cette interdiction de divulguer des faits couverts par le secret médical n'est pas applicable dans les cas où la Loi impose ou autorise expressément cette révélation.

Elle n'est pas applicable « *au médecin qui, avec l'accord de la victime, porte à la connaissance du procureur de la République les sévices ou les privations qu'il a constatés, sur le plan physique ou psychique, dans l'exercice de sa profession et qui lui permettent de présumer que des violences physiques, sexuelles ou psychiques de toute nature ont été commises*[21] ».

Le médecin pourra donc déroger au principe du secret professionnel lorsque :

– l'accord de la victime a été donné ;

– le signalement du procureur de la République fait suite à un constat du médecin de sévices ou de privations sur le plan physique ou psychique ;

– les privations ou les sévices subis permettent au médecin de présumer des violences de nature physique, sexuelle ou autre.

Par ailleurs, il faut savoir qu'au sein des unités médico-judiciaires, des médecins sont formés à la problématique des violences faites aux femmes.

Le certificat médical constitue un élément probatoire objectif sur lequel l'autorité judiciaire pourra s'appuyer pour décider de l'orientation de la procédure.

En effet, il permet à la fois d'établir la réalité des violences et d'évaluer leur gravité. Il importe donc qu'il soit rédigé avec une lisibilité et une précision particulières (termes simples, précis, intelligibles pour les personnes extérieures au corps médical, en évitant le jargon technique et les abréviations). En outre, les raisons conduisant à fixer un quantum d'incapacité totale de travail doivent être clairement explicitées, en particulier lorsque les troubles psychologiques sont au premier plan.

La description des lésions et la détermination de l'incapacité totale de travail par le praticien sont

21. Article 226-14 du Code pénal

d'égale importance. Si le quantum de l'incapacité totale de travail ne doit pas constituer le seul élément que les parquets prennent en compte pour décider de l'orientation de la procédure, il représente toutefois un des éléments sur lequel ils s'appuient.

Certes, si une incapacité totale de travail importante est souvent révélatrice de faits d'une grande gravité, l'absence d'incapacité totale de travail ou une incapacité totale de travail plus faible ne signifie pas nécessairement que les violences ont été bénignes, le traumatisme psychologique pouvant être considérable et la réitération de faits de moindre gravité pouvant parfois avoir des conséquences plus dramatiques qu'un seul fait grave isolé.

Pour autant, le nombre de jours d'incapacité totale de travail a une importance certaine car il a une incidence sur la qualification juridique des faits et la peine encourue, quoique l'infraction reste dans tous les cas délictuelle.

Ainsi, en dehors de toute autre circonstance aggravante, les violences par conjoint, concubin ou partenaire lié par un pacte civil de solidarité n'ayant entraîné aucune incapacité totale de travail ou suivies d'une incapacité totale de travail n'excédant pas huit jours sont punies d'une peine pouvant aller jusqu'à 3 ans d'emprisonnement et 45 000 euros d'amende[22]. Tandis que la peine encourue pour ces mêmes violences ayant entraîné une incapacité totale de travail *supérieure à huit jours* est de 5 ans d'emprisonnement et 75 000 euros d'amende[23].

22. Article 222-13 du Code pénal
23. Article 222-12 du Code pénal

D. COMMENT FAIRE INTERVENIR LES FORCES DE L'ORDRE

Toute victime et tout témoin peuvent requérir, le cas échéant de manière anonyme, l'intervention des forces de l'ordre par un simple appel téléphonique passé au commissariat de police ou à l'unité de la gendarmerie les plus proches.

Lorsque la victime ou le témoin requiert la présence des forces de l'ordre, il est important de leur donner des informations précises, ce qui permettra une intervention plus adaptée aux circonstances : localisation de l'intervention, nombre de personnes présentes sur les lieux, existence d'armes ou d'animaux dangereux, nombre de victimes et leur état apparent.

Les forces de l'ordre ne peuvent effectuer une perquisition ou une visite domiciliaire qu'entre 6 heures et 21 heures[24].

En tout état de cause, les forces de l'ordre doivent intervenir à chaque fois que leur concours est requis.

Il faut savoir que les services de police peuvent pénétrer dans le domicile quelle que soit l'heure, en cas de réclamation faite de l'intérieur du domicile. Également, lorsqu'une infraction est en train de se commettre ou vient d'être commise[25], pour porter secours à la victime et interpeller l'auteur.

Les parquets ont instauré une procédure dite d'alerte par laquelle le procureur de la République informe les enquêteurs des situations susceptibles de générer des violences intrafamiliales, afin que ces services

24. Article 59 du Code de procédure pénale
25. Articles 53 et suivants du Code de procédure pénale

dépêchent immédiatement une patrouille au domicile en cas d'appel téléphonique de la victime.

Si la victime apparaît en situation de danger immédiat, sa mise à l'abri sur le champ doit être organisée en lui trouvant un hébergement et un moyen de transport. Le cas échéant, l'hébergement devra permettre l'accueil de la victime accompagnée de ses enfants.

Quel que soit le degré des violences subies, la victime devra être conduite à l'unité médico-judiciaire pour être examinée sur réquisitions judiciaires. Si la victime refuse, ce refus doit être acté aux termes d'un procès-verbal et doit faire état des raisons pour lesquelles la victime s'y soustrait.

Lorsque des faits de violences intrafamiliales sont effectivement constatés lors de l'intervention, les forces de l'ordre doivent convoquer la victime au commissariat de police ou à l'unité de la gendarmerie pour y être entendue. Si la femme violentée a refusé de porter plainte immédiatement, la main courante ou le procès-verbal de renseignement judiciaire rédigé à la suite de l'intervention devra être suivi d'une prise de contact avec elle 48 heures après les faits, afin de s'assurer, à distance de l'événement, qu'elle ne souhaite toujours pas déposer plainte et qu'elle connaît les incidences de son choix.

Par ailleurs, lorsque des actes de violences sont caractérisés[26], et quelle que soit leur gravité apparente, il est recommandé que les forces de l'ordre usent pleinement de leur pouvoir propre de procéder à l'interpellation de l'auteur des faits et à son placement en garde à vue[27], dans le respect des dispositions du Code de procédure pénale. Si

26. Articles 53 et suivants du Code de procédure pénale
27. Article 62 du Code de procédure pénale

les enfants du couple sont présents au moment de l'intervention, il importera de ne pas aggraver le traumatisme déjà subi du fait de l'existence même des violences par un traumatisme supplémentaire en les rendant témoins du « menottage » et de l'interpellation de leur parent. Lorsque la dangerosité ou le risque de fuite du prévenu imposera de menotter ce dernier, il conviendra alors d'y procéder hors de la vue de ses enfants.

Toutefois, des circonstances exceptionnelles peuvent justifier que le prévenu soit laissé en liberté et convoqué ultérieurement au commissariat de police ou à l'unité de la gendarmerie.

Dans ce cas de figure, l'auteur des faits devra alors faire l'objet d'un ferme avertissement et la date de la convocation sera fixée dans un délai aussi bref que possible. Les forces de l'ordre devront également veiller à ce que la sécurité de la victime soit assurée.

En cas de faits d'une gravité particulière, la main courante, le rapport d'intervention ou le procès-verbal de renseignement judiciaire devra être transmis à l'autorité judiciaire, même en l'absence de plainte de la victime.

E. JE PEUX AUSSI SAISIR DIRECTEMENT LE TRIBUNAL

La victime peut également faire citer directement l'auteur des faits devant le tribunal correctionnel[28] du lieu de la commission de l'infraction ou du lieu du domicile de son auteur supposé. Elle doit alors se rendre au greffe du tribunal. Ce dernier lui indiquera une date d'audience à laquelle elle devra faire citer

28. Articles 388 et 550 et suivants du Code de procédure pénale

l'auteur par acte d'huissier de justice.

Elle peut aussi déposer une plainte avec constitution de partie civile devant le doyen des juges d'instruction[29] pour obtenir l'ouverture d'une information judiciaire. La victime adresse une lettre recommandée avec accusé de réception, ou alors se présente au greffe du cabinet du doyen des juges d'instruction exerçant au tribunal de grande instance du lieu ou du domicile du prévenu.

Toutefois, initier de telles procédures n'est pas chose aisée et les méandres procéduraux et administratifs sont parfois de nature à décourager les victimes.

Au surplus, ces procédures peuvent être longues et il est fortement recommandé de faire appel à un avocat, compte tenu des exigences procédurales afférentes.

Ainsi, l'avocat informe la victime, la conseille sur ses droits, les procédures et les démarches à effectuer, l'assiste et défend ses intérêts en justice.

Pour connaître les coordonnées d'un avocat, la victime peut s'adresser à l'ordre des avocats du tribunal de grande instance de son département. Elle peut solliciter si elle en remplit les conditions, le bénéfice de l'aide juridictionnelle.

À cet égard, il est important de préciser qu'il existe dans la plupart des palais de justice, des maisons de justice et du droit et des mairies, des consultations juridiques gratuites.

29. Articles 51 et 85 et suivants du Code de procédure pénale

QUELLES PROTECTIONS EN ATTENDANT LE PROCÈS ?

La protection des victimes est une préoccupation relativement récente en droit français qui avait pour seul objectif l'incrimination des auteurs d'infraction.

Quoique récent, le dispositif de protection s'est aujourd'hui bien étoffé, principalement pour les victimes de violences conjugales qui bénéficient de mesures d'assistance et de soutien adaptées.

Il convient d'indiquer à titre préalable que la protection des victimes de violences conjugales en France ne se fonde pas sur la différence de genre et ne varie pas selon le sexe de la victime. Il se fonde sur le principe de dignité et d'égalité entre les hommes et les femmes.

Ainsi, le dispositif est tout autant applicable aux femmes qu'aux hommes victimes de violences au sein du couple et ce, d'ailleurs, quel que soit la nature juridique de la relation (mariage, PACS, concubinage).

L'approche supranationale est quelque peu différente. En ce qui la concerne, la Cour européenne des droits de l'homme a, par sa jurisprudence, incité les États membres à mettre en place un arsenal juridique interne destiné à protéger la vie, la dignité et l'intégrité des personnes, notamment en cas de violences subies par les femmes en raison de leur sexe. Elle a aussi créé pour les États membres l'obligation de mettre en place un dispositif susceptible de sanctionner la violence conjugale et de protéger les victimes, et ce y compris en cas de violences psychologiques[30].

---

30. CEDH, 28 mai 2013 n°3564/11, Eremia et autres c./ Republique de Moldova

C'est d'ailleurs sous l'influence de la jurisprudence de la Cour européenne des droits de l'homme, qui reconnaît que le stress provoqué par la peur de nouvelles violences peut être qualifiée de traitement inhumain, que la France a sanctionné l'infraction de violences psychologiques envisagé précédemment.

Ainsi, s'il est reconnu qu'un État membre a failli à son obligation de protection, il peut être condamné par la Cour européenne[31].

Concernant le contenu du dispositif de protection des victimes de violences en droit français, il s'organise autour de deux axes : l'éloignement de l'auteur des violences dans un premier temps et si cela ne suffit pas la privation de liberté.

Ces mesures de protection peuvent être prises à tous les stades de la procédure pénale et avant même toute poursuite, sous condition préalable qu'une plainte ait été déposée ou qu'un signalement des faits ait été effectué.

A. JE PEUX ME FAIRE DOMICILIER

Lors du dépôt de plainte, les officiers de police judiciaire doivent informer la victime de sa possibilité de se faire domicilier auprès des services de police[32].

Cette protection est opportune lorsque la victime a quitté le domicile conjugal et/ou ne souhaite pas donner sa nouvelle adresse à son agresseur de peur de nouvelles violences.

La domiciliation auprès des services de police est soumise à autorisation du Procureur de la République

31. CEDH, 9 juin 2009, n°33401/02 Opuz c./ Turquie
32. Article 89 du Code de procédure pénale

et doit donc être justifiée. Elle peut perdurer pendant toute l'enquête et notamment au cours de l'instruction[33].

B. JE PEUX QUITTER LE DOMICILE FAMILIAL

Il est important de préciser que le fait de subir des violences conjugales justifie pleinement le départ du domicile conjugal et qu'il ne faut pas hésiter en cas de danger. Ainsi, si une personne se sent menacée, elle a parfaitement le droit dans ce cas de partir seule ou avec ses enfants pour garantir sa sécurité.

Pour faire valoir ses droits et empêcher que ce départ ne lui soit reproché, il est conseillé à la victime de déposer une main courante au commissariat de police ou à la brigade de gendarmerie sans que sa nouvelle adresse y figure.

Avant de quitter le domicile et dans la mesure du possible, il est conseillé d'emporter les éléments suivants :

– les papiers officiels tels que livret de famille, carte d'identité, carte de séjour;

– les documents importants tels que le chéquier, la quittance de loyer, les bulletins de salaires, la carte d'assuré social, le carnet de santé, des factures, les diplômes, les preuves d'acquisition des biens;

– les éléments de preuves en votre possession comme les certificats médicaux, témoignages écrits, copie des plaintes ou des déclarations de « main courante », copie des décisions de justice rendues;

– le double des clefs de la maison et de la voiture.

33. Article 89 du Code de procédure pénale.

C. JE PEUX ÊTRE PRISE EN CHARGE PAR DES ASSOCIATIONS D'AIDE AUX VICTIMES

Outre les associations spécialisées dans la lutte contre les violences conjugales, très présentes et efficaces en la matière, la victime peut également être prise en charge par la saisine d'une association d'aide aux victimes par le parquet[34].

Ces associations sont chargées d'accueillir les victimes d'infractions pénales, de les informer sur leurs droits, de leur proposer une aide psychologique, d'assurer un accompagnement, de les assister tout au long de la procédure judiciaire et d'effectuer si nécessaire une orientation vers des services spécialisés.

La victime pourra être guidée dans la gestion de ses difficultés psychologiques, de la situation des enfants ainsi que des conditions matérielles de première nécessité.

La prise en charge des frais juridiques peut être assurée par l'ordre des avocats du tribunal de grande instance de son département, des maisons de justice et du droit ou des mairies.

D. JE PEUX AVOIR UN TÉLÉPHONE D'ALERTE GRÂCE AU DISPOSITIF FEMMES EN TRÈS GRAND DANGER (TGD)

La loi n°2010-769 du 9 juillet 2010, relative aux violences faites spécifiquement aux femmes au sein des couples et aux incidences de ces dernières sur les enfants, a instauré un dispositif de télé-protection qui a été expérimenté initialement par les parquets de Bobigny et de Strasbourg et qui a fait ses preuves.

34. Article 41 du Code de procédure pénale et voir annexe 1

Ce dispositif a été généralisé par la loi n°2014-873 du 4 août 2014 pour l'égalité réelle entre les femmes et les hommes.

L'objet de ce dispositif est de doter les femmes victimes de violences d'un téléphone d'alerte des services de police ou de gendarmerie pour des interventions prioritaires.

Chaque téléphone est attribué sur décision du procureur de la République à une femme qui a déposé plainte contre son conjoint, concubin ou partenaire de PACS et qui est manifestement exposée à un risque.

En pratique, il s'agit d'un téléphone d'alerte équipé d'un bouton d'appel préprogrammé renvoyant directement vers des téléopérateurs qui évaluent la situation de danger et prennent contact directement par le bais d'une ligne dédiée avec les services de police ou gendarmerie qui interviennent alors dans les plus brefs délais. Le téléphone est remis pour une durée initiale de six mois renouvelable une fois.

La phase de test a démontré que dans le ressort de Bobigny les forces de l'ordre interviennent dans un délai moyen de dix minutes.

Après une expérimentation dans treize autres départements, la loi du 4 août 2014 a étendu le dispositif à l'ensemble du territoire national[35].

35. Loi n° 2014-873 du 4 août 2014 pour l'égalité réelle entre les femmes et les hommes

E. JE PEUX OBTENIR L'ÉLOIGNEMENT DU DOMICILE DE MON AGRESSEUR

L'éloignement du domicile peut être pris à tous les stades de la procédure, que ce soit dans le cadre de la procédure d'instruction, d'une mesure alternative aux poursuites, d'aménagement de peine ou en complément de la peine à l'issue de la période de détention.

Ainsi, l'interdiction de rencontrer la victime peut être ordonnée au tout début de la procédure pénale sous la forme d'un contrôle judiciaire pendant l'instruction.

Elle consiste souvent en cas de violences conjugales, en une injonction de résider hors du domicile, de s'abstenir de paraître dans ce domicile ou aux abords immédiats de celui-ci[36].

Une fois le jugement de condamnation prononcé, l'interdiction de rencontrer la victime peut constituer la peine principale qui sera imposée à l'auteur des violences dans le cadre d'un suivi socio-judiciaire[37].

Le suivi socio-judiciaire comporte l'obligation de se soumettre, sous le contrôle du juge de l'application des peines et pendant une durée déterminée par le tribunal, à des mesures de surveillance et d'assistance destinées à empêcher de nouvelles violences.

La durée du suivi socio-judiciaire ne peut excéder dix ans en cas de condamnation pour délit, ou vingt ans en cas de condamnation pour crime.

L'interdiction de rencontrer la victime peut également être prononcée par le jugement de condamnation dans le cadre d'un sursis avec mise à l'épreuve.

---

36. Article 138 et en particulier 17° du Code de procédure pénale
37. Article 131-36-1 du Code pénal

Le sursis avec mise à l'épreuve dispense une personne condamnée d'exécuter tout ou partie de sa peine sous réserve pour l'auteur des violences de résider hors du domicile du couple et de s'abstenir de s'y rendre ainsi qu'aux abords immédiats de celui-ci.

L'éloignement du domicile peut également prendre la forme d'une peine alternative à l'emprisonnement qui, dans cette hypothèse, dure au maximum trois ans[38].

L'éloignement du domicile de l'auteur des violences peut de surcroît être imposé dans le cadre d'un aménagement de peine lorsque l'auteur des violences est condamné à un emprisonnement ferme.

Le condamné peut faire l'objet d'un placement sous surveillance électronique par le juge d'application des peines au lieu d'effectuer sa peine de prison. Il est dans ce cas assigné à résidence par le biais d'un bracelet et d'un boîtier relié à sa ligne téléphonique et peut bénéficier parfois d'horaires de sortie pendant la journée et dans certains lieux définis, à l'exclusion notamment du domicile de la victime.

Le condamné peut également faire l'objet d'une libération conditionnelle qui permet sa mise en liberté avant la date d'expiration normale de sa peine d'emprisonnement. Mais, pour protéger la victime notamment, elle est subordonnée à un certain nombre d'obligations dont l'éloignement du domicile[39].

Enfin, l'éloignement du domicile peut également être ordonné dans le cadre du prononcé d'une réduction de peine.

38. Article 131-6 du Code pénal
39. Article 731 du Code de procédure pénale

En tout état de cause, le Code de procédure pénale érige l'interdiction d'entrer en relation avec la victime ou la partie civile et de paraître à proximité de son domicile ou de son lieu de travail en principe générale[40].

L'éloignement du domicile permet de mettre en place un cercle de protection autour de la victime garanti par des mécanismes de contrôles exercés par les autorités policières.

Lorsque l'éloignement du domicile n'est pas suffisant, la femme victime de violences est protégée par la privation de liberté de l'auteur des violences.

F. JE PEUX OBTENIR L'INCARCÉRATION DE MON AGRESSEUR

Il convient d'indiquer que l'incarcération n'est pas nécessairement postérieure aux mesures d'éloignement. Elle est décidée au regard de la situation de danger pour la victime.

Ainsi, l'incarcération, que ce soit en garde à vue ou en détention provisoire, est décidée lorsqu'elle constitue le seul moyen pour éviter des nouvelles violences ou des pressions sur la victime.

La garde à vue est une mesure de privation de liberté prise par un officier de police judiciaire pour maintenir à la disposition des enquêteurs le suspect d'un crime ou d'un délit. Cette mesure doit constituer l'unique moyen de parvenir à certains objectifs comme empêcher que la personne ne modifie les preuves, ne fuie ou ne consulte ses complices[41].

40. Article 712-16-2 du Code de procédure pénale
41. Article 62-2 du Code de procédure pénale

La durée de la garde à vue est de 24 heures. Elle peut être prolongée jusqu'à 48 heures si la peine encourue est d'au moins 1 an d'emprisonnement. Pour les affaires particulièrement complexes et graves, la prolongation peut aller jusqu'à 72 heures.

La personne mise en examen, bien que présumée innocente, peut également être placée en détention provisoire en raison des nécessités de l'enquête ou comme mesure de sûreté[42].

La détention provisoire ne peut excéder une durée raisonnable. Elle prend nécessairement fin lors du prononcé du jugement, qu'il s'agisse d'une condamnation ou d'une relaxe.

Enfin la peine d'emprisonnement ferme qui peut être prononcée par le jugement de condamnation est l'ultime privation de liberté destinée à protéger la femme victime de violences.

S'agissant d'une sanction, elle sera davantage explicitée ci-après même si, depuis la loi du 12 décembre 2005[43], la prise en compte des intérêts de la victime et sa protection, sont reconnues comme des fonctions de la peine.

Les mesures de privation de liberté permettent d'éliminer tout risque de rencontre entre l'agresseur et la victime.

*

Cette présentation des mesures de protection permet de mettre en lumière le dispositif existant en France aujourd'hui afin de rassurer les femmes victimes de violences.

42. Articles 137-1 et suivants du Code de procédure pénale
43. Loi n° 2005-1549 du 12 décembre 2005 relative au traitement de la récidive des infractions pénales

Il nous paraît en effet fondamental de faire savoir qu'après un dépôt de plainte, la femme n'est pas dénuée de toute protection avant le jugement de condamnation. S'il est vrai que la procédure pénale est parfois longue, afin de garantir la manifestation de la vérité et le respect des droits de la défense, une protection est mise en place pendant cette période.

Pour autant, si les situations de danger pour l'intégrité physique nous paraissent relativement bien protégées, les situations de violences psychologiques, bien plus difficiles à matérialiser, devraient faire l'objet de davantage de protection.

Il serait notamment possible d'envisager une meilleure prise en compte des nouvelles technologies (sms, les réseaux sociaux, les courriers électroniques, etc.) qui constituent aujourd'hui des moyens de pression et de violences psychologiques. Sur ces points, une évolution législative semble souhaitable.

Que se passe-t-il concrètement après le dépôt de ma plainte ?

En matière de violences au sein du couple comme pour l'ensemble des autres contentieux, il importe de permettre au parquet de jouer son rôle de directeur de la police judiciaire le plus tôt possible dans l'établissement de la procédure pénale. En effet, si le parquet est informé en amont, il peut réfléchir à l'orientation de l'enquête dès le début et, partant, aiguiller les investigations et réunir les éléments probatoires les plus nécessaires.

Si l'avis immédiat au parquet est une obligation légale dans les cas où le prévenu a été placé en garde à vue, il est recommandé, même en l'absence de garde à vue et dès que la victime a déposé plainte et que le prévenu a été entendu, que les enquêteurs rendent compte de l'affaire à la permanence téléphonique du parquet. Ainsi, la plainte doit être transmise au procureur de la République.

Qu'il s'agisse des violences qualifiées de criminelles ou délictuelles, le procureur occupe une place essentielle dans la répression des violences faites aux femmes.

Une enquête est alors diligentée par la police judiciaire sous le contrôle du Procureur de la République.

A. COMMENT L'ENQUÊTE EST-ELLE MENÉE ?

Pendant la phase de l'enquête, le Procureur peut ordonner[44] :

44. Article 41 du Code de procédure pénale

– Le recueillement des témoignages contribuant à la manifestation de la vérité.

– Une enquête de voisinage :

L'enquête de voisinage peut se révéler utile pour évaluer l'ampleur et la fréquence des violences, lorsque des divergences apparaissent entre les déclarations du prévenu et celles de la victime.

– Une confrontation entre le prévenu et la victime :

Les enquêteurs doivent envisager l'organisation d'une confrontation entre le prévenu et la victime si ces derniers font des déclarations contradictoires sur le déroulement des faits et si ces désaccords ne peuvent être résolus par un témoignage neutre, le certificat médical ou tout autre élément probatoire.

Cette mise en présence peut être extrêmement mal vécue par la victime, qui peut l'interpréter comme un désaveu de sa parole ou craindre sa confrontation avec son agresseur.

Il convient donc de s'assurer que la confrontation est indispensable. Il apparaît ainsi que, dans bien des cas, le fait de confronter le prévenu aux déclarations de la victime faites ultérieurement permet d'éviter de mettre en présence les deux parties et de protéger non seulement la victime mais également l'intégrité de son témoignage.

Cette mise en présence est un acte d'enquête utile pour rapporter la preuve des dires de la victime sans préjudice du crédit que l'on peut accorder à ses déclarations. Sa protection sera parfaitement assurée par les enquêteurs, qui seront présents en permanence à ses côtés, en tout état de cause, elle a le droit de refuser cette confrontation.

Dans l'hypothèse d'un refus par la victime de sa mise en présence avec le prévenu et afin que ce refus ne puisse en aucun cas être interprété comme un aveu par la victime de sa responsabilité dans la survenance des faits, les raisons pour lesquelles elle manifeste son opposition doivent être actées par procès-verbal dans la procédure.

– Une enquête sociale :

L'enquête sociale est une mesure confiée par l'autorité judiciaire à une personne habilitée par la justice pour connaître les conditions de vie d'une famille. Au stade de l'enquête, elle est ordonnée par le parquet.

Cette mesure apparaît pertinente dans les cas où la survenance des faits de violences au sein du couple paraît ne pas pouvoir être dissociée d'un mode de fonctionnement particulièrement complexe de la structure familiale, ou avoir des répercussions importantes sur l'ensemble de la cellule familiale.

Lorsque le plaignant est déjà pris en charge par une association d'aide aux victimes généraliste ou spécialisée, une bonne pratique peut consister pour l'enquêteur social à établir un contact avec l'association et à se faire transmettre, avec l'accord de la victime, les rapports rédigés par l'association.

– Une expertise psychiatrique et médico-psychologique du prévenu ou de la victime :

Si l'état mental du prévenu ou de la victime paraît être de nature à faire douter de la conscience qu'ils ont de leurs actes et/ou de la portée de leurs déclarations, un examen psychiatrique et/ou psychologique du prévenu et/ou de la victime est nécessaire. Un examen psychiatrique peut également s'imposer pour déterminer le degré de dangerosité du prévenu.

Dans le cas où le parquet ordonne ces examens pour décider de l'orientation de la procédure, il importera qu'ils soient exécutés au stade de l'enquête, le cas échéant pendant le déroulement de la mesure de garde à vue.

Par ailleurs, si un doute réel existe sur l'état mental du prévenu ou de la victime, ordonner ces mesures pendant l'enquête permet de ne pas rallonger les délais de procédure en évitant un renvoi de l'affaire par le tribunal correctionnel.

Dans les situations où le mis en cause apparaît particulièrement dangereux et où une expertise approfondie est indispensable, une ouverture d'information judiciaire avec réquisitions de mandat de dépôt s'impose, le temps de s'assurer de l'ampleur de la dangerosité du mis en examen.

– La prise de clichés photographiques en couleur des lésions physiques visibles :

Lorsque les lésions de la victime sont visibles, il convient de joindre systématiquement à la plainte des photographies en couleur de ces dernières, le support photographique permettant une visualisation très concrète des répercussions physiques des violences. Les photographies devront être prises avec l'accord de la victime, et devront respecter sa dignité.

– La constatation médicale des traumatismes physiques et psychologiques de la victime :

Bien que la remise d'un certificat médical ne soit pas une condition juridique nécessaire au dépôt de plainte, il arrive que la victime soit en possession d'un certificat médical de constatation de ses lésions et traumatismes lorsqu'elle se présente au service enquêteur. Dans ce cas, le document devra être joint en original à la procédure ; une copie pourra utilement être délivrée à la victime pour qu'elle puisse en garder une trace.

Si le plaignant n'a pas fait constater ses traumatismes par un certificat médical antérieurement à la procédure, les enquêteurs devront lui remettre des réquisitions en vue de se faire examiner par un praticien des unités médico-judiciaires, si une telle structure existe, ou, à défaut et selon l'organisation locale des activités de médecine légale, par un praticien des urgences de l'hôpital ou par un médecin de ville. Une fois le certificat médical rédigé, il devra être joint en original à la procédure et une copie en sera délivrée à la victime.

– Les précédentes mains courantes ou procédures judiciaires :

S'il apparaît que des faits antérieurs ont déjà fait l'objet d'une main courante, d'un procès-verbal de renseignement judiciaire ou d'une procédure pénale, il importe de joindre l'ensemble des pièces correspondantes au dossier. La démarche est aisée si ces précédents sont archivés dans le même service enquêteur que celui où la victime dépose ; dans le cas contraire, une transmission des pièces par télécopie permet de disposer d'éléments d'appréciation en temps utile.

– La perquisition au domicile et la saisie d'une arme éventuelle:

Si la victime a révélé l'existence d'une arme de quelque nature que ce soit au domicile familial, la dangerosité de cette arme comme la gravité des faits détermineront si la saisie doit en être ordonnée par voie de perquisition. De la même manière, si la victime de violences au sein du couple se présente au commissariat de police ou à l'unité de la gendarmerie pour remettre une arme de quelque nature que ce soit détenue par son conjoint ou concubin, les enquêteurs devront conserver cette dernière.

B. QUE SE PASSE-T-IL À L'ISSUE DE L'ENQUÊTE ?

À l'issue de l'enquête menée par les services de police, une procédure pénale peut être engagée à l'encontre de l'auteur de violences.

En effet, le procureur de la République peut engager des poursuites contre l'auteur de violences qu'il y ait eu dépôt de plainte ou signalement des faits. C'est lui qui va mettre en mouvement l'action publique et déterminer le mode de poursuite pénale qui lui paraît adapté à l'infraction commise.

La spécificité des faits de violences intrafamiliales tenant notamment à ce que la victime vit en général avec le mis en cause, il apparaît essentiel d'évaluer la dangerosité de la situation et de décider de l'orientation de la procédure dans un délai le plus bref possible après la survenance de l'événement. Ainsi, la nature même de ce type de faits rend nécessaire un traitement systématique du contentieux en temps réel, dans le cadre de la permanence du parquet.

Afin d'évaluer la situation, le magistrat de permanence du parquet va échanger avec les officiers de police judiciaire sur les éléments obtenus pendant l'enquête. Le dossier relatif à l'enquête sera transmis en mains propres au parquet.

Il faut savoir qu'au sein du parquet, un magistrat référent est nommé, lequel centralise le traitement des procédures de violences intrafamiliales.

Ainsi, soit le procureur de la République décide de poursuivre l'auteur des violences, soit il ne poursuit pas. Dans la dernière hypothèse, il peut soit classer sans suite soit prononcer une mesure alternative aux poursuites.

En tout état de cause, la réponse pénale apportée par le magistrat du parquet doit constituer à la fois une réparation pour la victime, une répression pour le prévenu et une prévention contre toute réitération ou récidive.

1-LE CLASSEMENT SANS SUITE

Le procureur de la République peut décider de classer sans suite[45]. Dans une telle hypothèse, la décision du parquet de ne pas poursuivre doit être motivée (absence ou insuffisance de preuve, auteur non identifié...). Ce classement sans suite est notifié au plaignant et motivé par écrit[46]. Si le plaignant n'a pas reçu cette notification, il est alors conseillé de téléphoner au bureau d'ordre pénal du tribunal de grande instance saisi de la plainte. À l'aide du numéro de plainte, il sera possible d'être renseigné sur le devenir de la plainte.

Précisons que les classements sans suite d'opportunité, doivent impérativement et par principe être proscrits en matière de violences au sein du couple, lorsque les faits, même de faible gravité, sont établis.

Le classement sans suite pure et simple peut être justifié par une cause juridique (décès du prévenu, prescription de l'action publique, abrogation de la loi pénale, application d'une loi d'amnistie,

45. Article 40-1,3° du Code de procédure pénale
46. Article 40-2 alinéa in fine du Code de procédure pénale

irresponsabilité pénale du prévenu, autorité de la chose jugée ou existence d'un fait justificatif ou d'une immunité) ou lorsque les faits ne sont pas établis.

En tout état de cause, ces classements sans suite doivent constituer la réponse pénale minimale donnée par l'autorité judiciaire à des faits de violences au sein du couple.

Le classement sans suite d'une procédure par le magistrat du parquet est une décision non juridictionnelle qui n'a pas l'autorité de la chose jugée. Le ministère public peut donc revenir sur cette décision jusqu'à l'expiration du délai de prescription de l'action publique.

Par ailleurs, si le plaignant n'accepte pas le classement sans suite, il peut lui-même mettre en mouvement l'action publique par la plainte avec constitution de partie civile devant le doyen des juges d'instruction ou par la citation directe de l'auteur devant le tribunal correctionnel s'agissant d'un délit[47]. Mais comme on l'a évoqué précédemment il est conseillé de se faire assister d'un avocat car ces procédures sont complexes.

En répression des faits de moindre gravité, le parquet peut prendre à l'encontre de l'auteur de l'infraction une mesure qui se substitue aux poursuites pénales devant un tribunal.

2-LES MESURES ALTERNATIVES AUX POURSUITES

Il existe six mesures alternatives, lesquelles permettent de mettre en œuvre des mesures spécifiques aux violences au sein du couple[48] :

47. Article 40-4 du Code de procédure pénale
48. Article 41-1 du Code de procédure pénale

– Le rappel à la loi. Il doit être strictement limité aux faits les moins graves, en l'absence de tout antécédent de faits de même nature et dans le cas où le risque de réitération semble faible, notamment lorsque la séparation du couple est consommée.

– L'orientation de l'auteur des faits vers une structure sanitaire, sociale et professionnelle (dans le cas où les faits sont associés, au moins partiellement, à des difficultés d'ordre personnel de ce dernier : psychologiques, professionnelles, alcoolisation...)

– La régularisation de la situation de l'auteur au regard de la loi ou des règlements.

– La composition pénale (pour les infractions punies d'une peine n'excédant pas cinq années d'emprisonnement et à charge pour l'auteur des faits d'exécuter des obligations : le versement d'une amende, réparation des dommages...)

– L'éviction du conjoint violent du domicile du couple.

– La médiation pénale. Afin de trouver un accord sur les modalités de réparation, mais aussi de rétablir un lien et de favoriser autant que possible, les conditions de non-réitération de l'infraction. La médiation pénale peut être précédée d'un rappel à la loi solennel.

Depuis la loi du 9 juillet 2010, seul l'accord de la victime est obligatoire pour avoir recours à une telle mesure[49] et ce, afin que cette procédure ne puisse pas être imposée à une personne se trouvant sous l'emprise de son compagnon.

L'article 41-1 al.5 du Code de procédure pénale précise que la victime est présumée ne pas consentir

49. Article 41-5 du CPP

à la médiation pénale lorsqu'elle a saisi le juge aux affaires familiales en application de l'article 515-9 du Code civil en raison des violences commises par son conjoint, son concubin ou le partenaire avec lequel elle est liée par un pacte civil de solidarité.

La loi n°873-2014 du 4 août 2014 pour l'égalité réelle entre les femmes et les hommes limite le champ d'application de la médiation pénale.

En application des nouvelles dispositions de l'article 41-1 al.5 précité, le recours à la médiation est subordonné à la demande expresse de la victime. La médiation est en outre exclue si une première mission de médiation a déjà eu lieu. Dans ce cas, le procureur de la République devra, si les faits sont caractérisés et sauf circonstances particulières, mettre en œuvre une composition pénale ou engager des poursuites.

Ladite loi du 4 août 2014 a également consacré le stage de responsabilisation pour la prévention et la lutte contre les violences au sein du couple et sexistes. Ce stage pourra être décidé à titre de peine complémentaire, mais aussi comme obligation particulière d'un sursis avec mise à l'épreuve, d'une peine de contrainte pénale, ou encore comme mesure d'une composition pénale ou d'une alternative aux poursuites.

3-LE PROCUREUR DE LA RÉPUBLIQUE DÉCIDE DE POURSUIVRE

Lorsque le prévenu est présenté devant le procureur de la République, le parquet peut estimer que des poursuites sont nécessaires à l'encontre de l'auteur de violences.

L'exercice des poursuites a pour caractéristique de permettre une prise en charge rapide des auteurs pour éviter tout passage à l'acte.

La gravité des blessures occasionnées, les circonstances de commission des faits, leur caractère réitéré, le profil psychologique de l'auteur, la fragilité supposée de la victime, les possibilités d'hébergement ou d'éviction sont autant de critères qui doivent guider le choix du parquet dans l'orientation de la procédure.

Ainsi, les réponses pénales les plus fermes pourront être envisagées par le parquet :

La comparution sur reconnaissance préalable de culpabilité[50].

Cette réponse pénale repose sur la reconnaissance des faits par l'auteur et sur l'acceptation de la sanction proposée, deux éléments qui sont de nature à éviter la réitération de l'infraction.

Au cours de cette procédure, la victime est invitée à comparaître en même temps que l'auteur des faits avec son avocat devant le juge pour se constituer partie civile et demander réparation de son préjudice.

La convocation par officier de police judiciaire (COPJ)[51].

Il s'agit du document délivré par l'OPJ au mis en cause le sommant de comparaître devant le tribunal de police ou le tribunal correctionnel.

La victime doit obligatoirement être avisée de la date d'audience par le greffe du parquet.

Une telle procédure semble adaptée pour les situations de violences au sein du couple portées

50. Articles 495-7 et suivants du Code de procédure pénale
51. Article 390-1 du Code de procédure pénale

à la connaissance du parquet dans le cadre de la permanence pénale, dans lesquelles le mis en cause ne reconnaît pas les faits ou qui nécessitent l'exercice de poursuites sans que sa mise en détention provisoire dans l'attente de sa comparution devant le juge paraisse justifiée.

La citation directe par le parquet[52].

Le parquet adresse par voie d'huissier la citation aux termes de laquelle il lui demande de se présenter directement devant le tribunal correctionnel pour répondre du délit reproché.

La victime doit obligatoirement être avisée de la date d'audience par le greffe du parquet.

La convocation par procès-verbal[53].

La convocation par procès-verbal consiste pour le magistrat du parquet à notifier à un prévenu qui lui est déféré les faits qui lui sont reprochés. Et, après avoir recueilli ses déclarations, à lui notifier une date d'audience devant le tribunal correctionnel et son droit à être assisté d'un avocat.

La victime est avisée de la date de l'audience, qui ne peut intervenir moins de 10 jours, ni plus de 2 mois après la notification de la convocation par procès-verbal au prévenu.

Cette procédure est utilisée lorsque les faits de violences ne sont pas suffisamment graves pour justifier une comparution immédiate ou l'ouverture d'une instruction.

La comparution immédiate[54].

---

52. Articles 389 et suivants du Code de procédure pénale
53. Articles 393 et suivants du Code de procédure pénale
54. Article 393 et suivants du Code de procédure pénale

La comparution immédiate consiste pour le parquet à notifier au prévenu qui lui est déféré sa traduction immédiate devant le tribunal correctionnel.

Elle ne peut être décidée que pour les infractions punies d'une peine d'emprisonnement au moins égale à 6 mois (en flagrance) ou de deux ans (en préliminaire) et n'excédant pas 10 années. La victime est avisée par tous moyens de la date de l'audience.

Par ailleurs, la brièveté des délais dans le cadre d'une comparution immédiate nécessite que le parquet avise lui-même ou fasse aviser par les enquêteurs la Caisse d'assurance maladie de la victime de la date et de l'heure de l'audience pour toutes les affaires où un préjudice corporel est établi.

L'ouverture d'une information judiciaire ou encore appelée instruction[55].

L'ouverture d'une information judiciaire consiste pour le procureur de la République à solliciter par un réquisitoire introductif que soit désigné un juge d'instruction chargé des investigations sur des faits spécifiés.

Pendant cette procédure, le mis en cause, dans le cas où la dangerosité est avérée, est placé en détention provisoire ou peut faire l'objet d'un contrôle judiciaire.

Il faut savoir que la loi pénitentiaire du 24 novembre 2009 a substitué au contrôle judiciaire avec placement sous surveillance électronique, l'assignation à résidence avec surveillance électronique (A.R.S.E) si les obligations du contrôle judiciaire sont insuffisantes.

La mesure consiste à obliger la personne, par une géo-localisation précise de ses déplacements, à demeurer à son domicile ou dans une résidence fixée,

55. Articles 79 et suivants du Code de procédure pénale

et à ne s'en absenter qu'aux conditions et pour les motifs déterminés par ce magistrat.

Le juge d'instruction peut ainsi nommer des experts. Il rassemble les preuves, entend les personnes impliquées et les témoins, décide de mettre en examen une ou plusieurs personnes. Les services de police ou les unités de gendarmerie conduisent alors l'enquête sous la direction de ce magistrat.

À l'issue de cette enquête, le juge d'instruction prononce un non-lieu ou décide de renvoyer la personne mise en examen devant la cour d'assises ou le tribunal correctionnel pour qu'elle soit jugée.

> ***L'ouverture d'une information judiciaire est obligatoire en matière criminelle[56].***

En matière correctionnelle, elle s'impose pour le contentieux des violences dans les procédures où :

– les faits sont d'une extrême gravité ;

– la victime doit faire l'objet d'une expertise médicale approfondie pour déterminer l'ensemble des traumatismes subis ;

– les faits sont habituels, complexes et multiples ;

– les faits nécessitent des investigations approfondies ;

– si la peine d'emprisonnement encourue est de 2 ans.

56. Article 79 du Code de procédure pénale

Comment se déroule l'audience devant le tribunal correctionnel ou devant la cour d'assises ?

L'auteur des violences peut être jugé soit devant le tribunal correctionnel si les faits sont constitutifs d'un délit, soit devant la cour d'assises si les faits sont constitutifs d'un crime.

La victime peut demander que son affaire se déroule à huis clos – en l'absence du public de la salle d'audience jusqu'à la fin des débats. Par public, il faut entendre la presse et les inconnus, mais aussi les membres de la famille de la victime ainsi que ses proches.

Il est également possible de demander à ce que le huis clos ne soit que partiel, ce qui veut dire que le public sortira lorsque la victime prendra la parole.

Il faut savoir que devant la cour d'assises, le huis clos peut, dans certaines circonstances, être de droit quand la victime le demande[57] tandis que devant le tribunal correctionnel, le huis clos est soumis à l'appréciation du tribunal qui peut le refuser[58].

A. DOIS-JE ÊTRE PÉSENTE À L'AUDIENCE ?

Il est indispensable que le prévenu[59], comme le plaignant[60] soient présents lors de l'examen de l'affaire.

57. Article 306 du Code de procédure pénale
58. Article 400 du Code de procédure pénale
59. Articles 319 et 410 du Code de procédure pénale
60. Article 425 du Code de procédure pénale

Bien entendu, le soutien des victimes avant et pendant l'audience correctionnelle est essentiel pour le plaignant tant sur le plan psychologique que juridique. Les associations d'aide aux victimes sont précieuses de ce point de vue.

Ce soutien associatif intervient en binôme avec les avocats en charge d'assurer la défense des intérêts de la partie civile.

B. EN TANT QUE VICTIME, EST-CE QUE JE SUIS PARTIE AU PROCÈS ?

La victime participe au procès pénal en se constituant partie civile et ce, afin de défendre ses intérêts et obtenir réparation de son préjudice.

Dans tous les cas, la partie civile doit indiquer la somme qu'elle sollicite en réparation.

À titre de rappel, il est important de préciser que la constitution de partie civile peut se faire :

– lors de l'enquête[61] ;

– avant l'audience en se rendant au greffe qui convoquera la victime, ou en envoyant une télécopie ou une lettre recommandée avec avis de réception 24 heures avant la date d'audience[62] ;

– le jour de l'audience, en se présentant au tribunal ou en se faisant représenter par un avocat[63].

En effet, en se constituant partie civile, la victime n'est plus un simple témoin, elle peut demander des dommages et intérêts en réparation des préjudices

61. Article 85 du Code de procédure pénale
62. Article 419 du Code de procédure pénale
63. Article 418 du Code de procédure pénale

subis, ainsi que le remboursement des frais éventuels d'avocats occasionnés par le procès.

Par ailleurs, la constitution de partie civile permet d'être informé du déroulement de la procédure, d'avoir accès aux pièces du dossier d'instruction et d'exercer, si nécessaire, les recours contre certaines décisions de justice prises pendant la procédure, si la victime juge qu'elles sont contraires à son intérêt.

Pour se constituer partie civile, vous n'êtes pas obligée de prendre un avocat. Il est toutefois recommandé de le faire, car ce professionnel sera familier d'une procédure qui vous est étrangère et veillera à faire valoir vos droits, face au « mis en cause » qui, lui, se verra désigné systématiquement un avocat.

C. QUEL EST LE RÔLE DU PARQUET AU COURS DE L'AUDIENCE ?

Le ministère public doit veiller à ne pas faire peser la responsabilité des éventuelles insuffisances probatoires du dossier sur la victime, en rappelant que c'est au parquet de rapporter la preuve des faits, et non à la partie civile.

Enfin, pour déculpabiliser le plaignant, le parquet pourra utilement rappeler que l'exercice des poursuites est de l'unique responsabilité du ministère public, indépendamment de toute démarche de la victime.

D. COMMENT SE DÉROULENT LES DÉBATS ?

Lors du procès, les personnes appelées à témoigner ou à être interrogées à la barre se succèdent en général dans l'ordre suivant : mis en cause, partie civile, experts, témoins. Puis, le ministère public résume dans ses réquisitions les charges qui pèsent sur le mis en cause et réclame à la juridiction de le sanctionner en sollicitant une peine. Enfin, les avocats respectifs des parties (de la victime, puis du mis en cause) plaident en faveur de leur client.

Devant le tribunal correctionnel,[64] les magistrats mènent les débats en s'appuyant sur le dossier écrit de l'enquête et éventuellement de l'instruction qui leur a été transmis.

Devant la cour d'assises[65], les jurés, à la différence des magistrats n'ont pas connaissance du dossier écrit. Toute l'enquête est alors ré-évoquée oralement à l'audience. C'est la raison pour laquelle un procès aux assises dure de un à trois jours alors qu'un procès devant le tribunal correctionnel ne dure que quelques heures.

64. Articles 406 et suivants du Code de procédure pénale
65. Articles 306 et suivants du Code de procédure pénale

Quelles sanctions peuvent être encourues par l'auteur des violences ? quelles réparations pécuniaires pour la victime ?

À titre préalable, il convient de préciser qu'en matière correctionnelle, le jugement est rendu soit à l'audience même à laquelle ont eu lieu les débats, soit à une date ultérieure. Dans ce dernier cas, le président informe les parties présentes du jour où le jugement sera prononcé[66].

En matière criminelle, l'affaire fait l'objet d'une délibération par les magistrats de la Cour et des jurés[67].

A. EST-CE QUE JE PEUX INTERJETER APPEL DE LA DÉCISION DE CONDAMNATION ?

Comme le mis en cause ou le procureur, la victime peut interjeter appel du jugement rendu par le tribunal correctionnel[68] ou de l'Arrêt rendu par la cour d'assises[69].

Toutefois, pour la victime, ce droit d'interjeter appel ne concerne que le montant de l'indemnisation décidée par la juridiction, tandis que le mis en cause et le procureur de la République peuvent contester la peine et l'indemnisation décidées par la juridiction, s'il les trouve excessives, pour le premier, ou insuffisantes, pour le second.

66. Articles 462 et suivants du Code de procédure pénale
67. Articles 355 et suivants du Code de procédure pénale
68. Article 498 du Code de procédure pénale
69. Article 380-9 du Code de procédure pénale

Le délai d'appel est de dix jours à compter du prononcé du jugement ou de l'arrêt. L'affaire sera alors examinée à nouveau par d'autres magistrats : la chambre correctionnelle de la cour d'appel ou la cour d'assises statuant en appel.

Une fois la décision rendue par la juridiction d'appel, il est possible de former un pourvoi en Cassation dans un délai de cinq jours de la décision définitive[70]. Un tel recours ne permet pas de réexaminer les faits. En revanche, la Cour de cassation statue en droit, s'assure que la loi a bien été appliquée et que la procédure a été respectée. Si tel n'est pas le cas, cette juridiction casse l'arrêt et l'affaire est renvoyée devant une juridiction de jugement.

B. COMMENT LA PEINE DE L'AUTEUR DES VIOLENCES EST-ELLE FIXÉE ?

Le prononcé des peines dépend du degré de gravité des violences et des circonstances de leur commission :

70. Article 568 du Code de procédure pénale

<table>
<tr><th>INFRACTIONS</th><th>DISPOSITIONS DU CODE PÉNAL</th><th>PEINES ENCOUROURES</th><th>JURIDICTION COMPÉTENTE</th></tr>
<tr><td>Violences ayant entraîné une incapacité totale de travail pendant plus de 8 jours</td><td>Cas général 222-11</td><td>3 ans d'emprisonnement et 45 000 € d'amende</td><td>Tribunal correctionnel</td></tr>
<tr><td rowspan="3">Violences ayant entraîné une incapacité totale de travail supérieur à 8 jours</td><td rowspan="3">Circonstance aggravante : 222-12 (pour le conjoint voir alinéa 4 ter, 6, 6bis).</td><td>5 ans d'emprisonnement et 75 000 € d'amende</td><td rowspan="3">Tribunal correctionnel</td></tr>
<tr><td>7 ans d'emprisonnement et 100 000 euros d'amende. Si infraction prévue est commise dans deux des circonstances prévues aux 1 et suivants du présent article.</td></tr>
<tr><td>10 ans d'emprisonnement et 150 000 euros d'amende. Si infraction prévue est commise dans trois des circonstances prévues aux 1 et suivants du présent article.</td></tr>
</table>

<table>
<tr><th>INFRACTIONS</th><th>DISPOSITIONS PÉNALES</th><th>PEINES ENCOURUES</th><th>JURIDICTION COMPÉTENTE</th></tr>
<tr><td rowspan="3">Harcèlement moral</td><td>Cas général : 222-33-2</td><td>2 ans d'emprisonnement et 30 000 euros d'amendes</td><td rowspan="3">Tribunal correctionnel</td></tr>
<tr><td rowspan="2">Circonstance aggravante : 222-33-2-1 (Précisément, dans le cas du conjoint, Pacsé, concubin même s'il s'agit d'un ancien)</td><td>3 ans d'emprisonnement et 45 000 euros d'amende
Si incapacité totale de travail inférieure ou égale à 8 jours ou aucune incapacité de travail</td></tr>
<tr><td>5 ans et 75 000 euros d'amendes
Si incapacité totale de travail supérieure à 8 jours</td></tr>
<tr><td>Violences habituelles (en fonction de l'incapacité de travail)</td><td>222-14</td><td>De 5 à 10 ans d'emprisonnement et de 75 000 à 150 000€ d'amende en fonction de l'incapacité de travail</td><td>Tribunal correctionnel</td></tr>
<tr><td>Menace de mort</td><td>222-17</td><td>3 ans d'emprisonnement et 45 000 € d'amende</td><td>Tribunal correctionnel</td></tr>
</table>

INFRACTIONS	DISPOSITIONS DU CODE PENAL	PEINES ENCOURUES	JURIDICTION COMPETENTE
Agressions sexuelles	Cas général 222-27	5 ans d'emprisonnement et 75 000 euros d'amende	Tribunal correctionnel
	Circonstance aggravante : 222-28 (Voir alinéa 7 pour le conjoint, concubin, pacsé)	7 ans d'emprisonnement et 100 000€ d'amende	
Violences ayant entraîné la mort sans intention de la donner	Cas général : 222-7	15 ans de réclusion criminelle	Cour d'assises
	Circonstance aggravante : 222-8 (Voir alinéa 4ter, 6,6 bis)	20 ans de réclusion criminelle	
Meurtre	Cas général : 221-1	30 ans de réclusion criminelle	Cour d'assises
	Circonstance aggravante : 221-4	Réclusion à perpétuité	
Interruption forcée de grossesse	223-10	5 ans d'emprisonnement et 75 000 euros d'amende	Tribunal correctionnel

INFRACTIONS	DISPOSITIONS DU CODE PÉNAL	PEINES ENCOURUES	JURIDICTION COMPÉTENTE
Viol	222-23	15 ans de réclusion criminelle	Cour d'assises
	222-24	20 ans de réclusion criminelle (en cas de circonstances aggravantes)	
	222-25	30 ans de réclusion criminelle lorsqu'il a entraîné la mort	
	222-26	Réclusion criminelle à perpétuité lorsqu'il est précédé, accompagné ou suivi de tortures ou d'actes de barbarie	
Harcèlement sexuel	222-33	Cas général : 2 ans d'emprisonnement et 30 000 euros d'amende En cas de circonstances aggravantes (notamment en cas d'abus d'autorité ou de faiblesse), les peines peuvent être portées à 3 ans d'emprisonnement et 45 000 € d'amende	Tribunal correctionnel

Certaines peines d'emprisonnement peuvent être assorties d'un sursis simple, ce qui revient à suspendre en tout ou partie l'exécution de la peine d'emprisonnement ou d'amende.

Certaines peines peuvent également être assorties d'une mise à l'épreuve ou de peines complémentaires (l'interdiction temporaire ou définitive d'exercer une activité en contact avec des mineurs, l'interdiction des droits civiques, civils et de famille, l'interdiction de séjour sur le département où réside la victime, l'obligation d'un suivi socio-judiciaire.

C. Quelles réparations pécuniaires pour la victime ?

Lorsque l'auteur de l'infraction a été condamné, des dommages et intérêts peuvent été octroyés par le tribunal correctionnel ou la cour d'assises, pour réparer le préjudice physique, matériel et moral de la victime.

La victime peut saisir la Commission d'indemnisation des victimes d'infractions (CIVI) qui se substitue temporairement au condamné pour indemniser la victime[71].

La juridiction de jugement a l'obligation d'informer la victime de l'existence de la CIVI.

La victime dispose d'un délai de trois ans à compter de la date de l'infraction ou d'un an à compter de la décision définitive de justice pour saisir la CIVI au tribunal de grande instance du lieu du domicile de la victime ou du lieu de jugement.

---

71. Articles 706-3 et suivants du Code de procédure pénale

Afin de soutenir une demande d'indemnisation, il convient de constituer un dossier, avec l'aide de votre avocat ou d'une association d'aide aux victimes, qui établira votre demande d'indemnité (qui peut être supérieure à ce que la juridiction répressive a accordé).

À cet effet, il convient de joindre à ce dossier les pièces qui justifient la demande d'indemnité (certificats médicaux, certificat d'incapacité totale de travail ou ITT, arrêts de travail, etc.). L'indemnité permet de réparer plusieurs préjudices dont :

– l'IPP (incapacité permanente partielle ou atteinte permanente à l'intégrité physique ou psychique) ;

– le pretium doloris (préjudice de la douleur physique et morale),

– le préjudice sexuel (fonctionnel et psychologique) ;

– le préjudice d'agrément (incapacité à renouer avec des activités extra-professionnelles antérieures) ;

– le préjudice moral ou affectif (lorsque l'agression sexuelle a été commise par un proche, une personne de confiance) ;

– le préjudice esthétique (suite à des violences physiques) ;

– le crédit thérapeutique (avance en vue d'une psychothérapie à entreprendre), etc.

Dans le mois qui suit sa saisine, la CIVI doit se prononcer sur la demande et ordonner éventuellement une expertise. Nous conseillons d'ailleurs de demander une expertise médicale qui a le mérite d'être gratuite et d'évaluer (et non chiffrer) le préjudice subie par la femme victime de violences notamment le préjudice psychologique qui peut entraîner une incapacité permanente.

Si une expertise est ordonnée, la victime sera alors convoquée par un expert chargé de quantifier le préjudice subi par la victime dans un rapport qui sera remis à la CIVI, qui en tiendra compte dans son jugement définitif.

Il est conseillé à la victime de se faire accompagner à cette expertise par un médecin-conseil, dont elle pourra obtenir les coordonnées par l'ANAMEVA (Association nationale des médecins-conseils de victimes d'accident avec dommage corporel).

Il veillera à ce que la demande d'indemnité soit entendue par l'expert. Ses services doivent être rémunérés mais sont incontestablement nécessaires. Il est également possible de demander à sa compagnie d'assurances (par exemple dans le cadre de son assurance habitation) de lui désigner un expert gratuitement.

Quelques mois plus tard, le rapport d'expertise ayant été transmis à la CIVI, celle-ci statue sur le montant définitif d'indemnité qui sera versé à la victime par le fonds de garantie. Le montant ne peut être qu'égal ou supérieur à celui que la juridiction répressive vous avait accordé.

La victime dispose de la possibilité d'interjeter appel de la décision de la CIVI, si elle la considère comme contraire à ses intérêts. La demande d'indemnisation sera alors réexaminée par une autre juridiction d'appel.

PARTIE II

Les moyens d'action devant le juge aux affaires familiales

Une femme violentée par son conjoint, concubin ou partenaire peut, parallèlement ou pas à son dépôt de plainte, quitter le domicile conjugal, avec ses enfants.

Pour empêcher que ce départ ne lui soit reproché, il est conseillé que la femme victime de violences dépose une main courante au commissariat de police ou à la gendarmerie.

Le fait de subir des violences justifie le départ du domicile.

La personne peut se faire accompagner dans sa démarche par des associations spécialisées : aide à l'hébergement, information sur les droits, écoute...

Ainsi, face à une situation de danger, des mesures immédiates peuvent être ordonnées par le juge aux affaires familiales mais elles restent néanmoins temporaires. De telles mesures sont applicables tant pour les couples mariés que pour les couples non mariés.

S'agissant des couples mariés, la procédure de divorce permet au conjoint violenté de bénéficier de mesures de protection.

Il existe par ailleurs une procédure commune tant pour les couples mariés que pour les personnes pacsées ou vivant en concubinage, laquelle permet aux femmes victimes de violences de bénéficier de protections immédiates. Il s'agit de l'ordonnance de protection.

Quelles protections immédiates mais temporaires pour les femmes mariées et non mariées ?

A. QU'EST-CE QUE L'ORDONNANCE DE PROTECTION ?

La loi n°2010-769 du 9 juillet 2010 relative aux violences faites spécifiquement aux femmes, aux violences au sein des couples et aux incidences de ces dernières sur les enfants, entrée en vigueur le 1er octobre 2010, a introduit dans notre Code civil une procédure nouvelle : l'ordonnance de protection délivrée en urgence par le juge aux affaires familiales.

Les mesures prises dans le cadre de l'ordonnance de protection peuvent être appliquées avant toute condamnation pénale de l'auteur des faits.

En effet, l'ordonnance de protection peut être prise même sans un dépôt de plainte pénale. Même si en réalité, rares sont les ordonnances de protection rendues sans que parallèlement une plainte soit déposée.

1-JE DOIS SAISIR LE JUGE AUX AFFAIRES FAMILIALES

Le juge aux affaires familiales peut statuer, sur demande de la personne en danger, si besoin assistée ou du ministère public[72]. Plus précisément, le ministère public est partie jointe, c'est-à-dire associée à tout le déroulement de la procédure.

72. Article 515-10 du Code civil

Il devient partie principale lorsqu'il saisit lui-même le juge aux affaires familiales d'une demande d'ordonnance de protection. Il doit en ce cas avoir recueilli préalablement l'accord de la personne en danger.

Cette saisine est susceptible d'intervenir dans le cas où il sera particulièrement difficile pour la victime de violences de saisir elle-même le juge (en cas d'hospitalisation par exemple).

Mes enfants sont-ils également protégés ?

Les personnes qui peuvent bénéficier de l'ordonnance de protection sont donc la femme victime de violences commises au sein d'un couple ainsi que les enfants en danger du fait des violences exercées sur cette victime.

2-COMMENT SAISIR LE JUGE AUX AFFAIRES FAMILIALES ?

Le juge aux affaires familiales est principalement saisi par voie de requête remise ou adressée au greffe (avec copie des pièces justificatives en annexe)[73]. Ou encore par assignation en la forme des référés (avec copie des pièces justificatives en annexe)[74].

S'agissant des annexes à joindre, il est nécessaire de transmettre les pièces d'état civil et les éléments démontrant les faits allégués tels des certificats médicaux, des attestations de proches qui ont été témoins des faits, des plaintes antérieurement déposées, des correspondances ou autres écrits et tout élément pouvant contribuer à rendre vraisemblables ces déclarations.

73. Article 1136-3 du Code de procédure civile
74. Article 1136-4 du Code de procédure civile

La situation de danger peut être caractérisée, par exemple, par la répétition des faits de violence, les circonstances dans lesquelles ils se produisent, la gravité des violences commises.

La personne ayant subi des violences peut solliciter l'autorisation de dissimuler son adresse, avec élection de domicile au cabinet de son avocat, ou bien auprès du procureur de la République[75].

Ainsi, l'indication du domicile, dans la requête, ou l'assignation n'est pas indispensable, si cela risque d'aggraver la situation de danger.

Depuis la loi du 4 août 2014, la personne ayant subi des violences peut également être autorisée à dissimuler son domicile et à élire domicile pour les besoins de la vie courante chez une personne morale qualifiée[76].

3-EST-CE QUE JE DOIS ÊTRE ASSISTÉE D'UN AVOCAT ?

Bien que le ministère d'avocat ne soit nullement obligatoire pour cette procédure[77], il est dans l'intérêt de la victime de se faire assister par un avocat, mieux à même de l'aider tout au long de la procédure.

À cet égard, la personne qui demande une ordonnance de protection peut solliciter le bénéfice de l'aide juridictionnelle afin que les frais de procédure (frais d'avocat, frais d'huissier, d'interprète) soient pris en charge par l'État. Cette demande peut être faite dès le dépôt de la requête.

Dans le cadre de l'ordonnance de protection sollicitée

75. Article 515-11,6° du Code civil
76. Article 515-11 alinéa 6 bis issu de la loi n°2014-873 du 4 août 2014 pour l'égalité réelle entre les femmes et les hommes
77. Article 1136-6 du Code de procédure civile

en raison des faits de violences, le bénéfice de l'aide juridictionnelle est étendu sans condition de résidence aux étrangers.

4-COMMENT SE DÉROULE LA PROCÉDURE ?

Tout en tenant compte de la contrainte résultant de l'urgence dans laquelle le juge doit statuer, la procédure reste soumise au respect des règles de procédure régissant tout procès civil :

– Chaque partie doit prouver les faits nécessaires au succès de sa prétention ; ce qui signifie que la personne qui invoque des faits de violences exercées au sein d'un couple doit apporter des preuves de ces faits et établir le danger auquel elle est exposée ;

– L'objet du litige est déterminé par les prétentions respectives des parties ; c'est-à-dire que la personne qui sollicite une ordonnance de protection doit indiquer dans sa demande les mesures dont elle souhaite bénéficier ;

– Le juge tranche le litige conformément aux règles de droit qui leur sont applicables ; donc le juge aux affaires familiales saisi d'une demande d'ordonnance de protection statue en application de la loi du 9 juillet 2010 et ne peut prendre d'autres mesures que celles qui sont énumérées dans la loi ;

– Le juge doit se prononcer sur tout ce qui est demandé mais seulement sur ce qui est demandé ; il ne peut donc rien ajouter aux demandes qui lui sont faites ;

– Nulle partie ne peut être jugée sans avoir été entendue ou appelée, c'est le principe du contradictoire ; l'affaire doit être contradictoirement débattue en présence du demandeur, auteur de la demande d'ordonnance de protection et du défendeur contre qui la demande est dirigée. Cette exigence entraîne notamment le respect d'un délai suffisant pour permettre au défendeur de se présenter devant le juge.

Par ailleurs, dès réception de la demande d'ordonnance de protection, le juge convoque pour audition par tous les moyens adaptés la partie demanderesse (victime de violences) et la partie défenderesse (l'auteur des faits de violence) ainsi que le ministère public[78].

Pour satisfaire à la contrainte du traitement en urgence, le service des affaires familiales des tribunaux de grande instance ont mis en place des permanences dont le rythme varie en fonction des tribunaux. Il convient donc de se renseigner préalablement pour connaître les jours et heures de permanence.

Lorsque la requête est déposée au greffe, le juge de permanence reçoit la partie demanderesse et apprécie, en fonction de l'urgence, le mode de convocation de la partie défenderesse pour l'audience :

Le plus souvent, le juge donnera un permis d'assigner pour une audience proche et remettra au requérant un document indiquant la marche à suivre pour saisir l'huissier ; il peut à ce stade de la procédure accorder l'aide juridictionnelle provisoire ;

Le juge peut, dans les cas d'extrême nécessité,opter pour la convocation par la voie administrative (directeur d'un centre de détention, commissaire de

78. Article 515-10 du Code civil

police...) pour que celui-ci procède à la notification demandée.

Lorsque la requête est adressée par courrier, la convocation des parties se fait par lettre recommandée avec accusé de réception ce qui entraîne au minimum 15 jours de délai entre la convocation et l'audience.

5-COMMENT SE DÉROULE L'AUDIENCE ?

Les auditions des parties peuvent être séparées ou se dérouler au cours de la même audience.

Après avoir entendu les parties, leurs avocats le cas échéant, et recueilli les observations du ministère public, le juge peut rendre sur le champ une ordonnance.

Le juge aux affaires familiales peut remettre à la personne protégée une liste de personnes morales qualifiées susceptibles de l'accompagner pendant toute la durée de l'ordonnance de protection. Il peut, avec son accord, transmettre à la personne morale qualifiée les coordonnées de la personne protégée afin qu'elle la contacte.

L'audience donnant lieu au prononcé d'une ordonnance de protection se déroule en principe en chambre du conseil, c'est-à-dire à huis clos.

6-DANS QUELS CAS LE JUGE AUX AFFAIRES FAMILIALES PEUT-IL ORDONNER UNE ORDONNANCE DE PROTECTION ?

L'ordonnance de protection peut être délivrée par le juge aux affaires familiales dans trois cas[79] :

79. Articles 515-9 et 515-13 du Code civil

– En urgence, lorsque les violences exercées au sein du couple ou par un ancien conjoint, un ancien partenaire lié à un pacte civil de solidarité (PACS) ou un ancien concubin mettent en danger la personne qui en est victime, un ou plusieurs enfants ;

– Lorsque le juge estime, au vu des éléments produits devant lui et contradictoirement débattus, qu'il existe des raisons sérieuses de considérer comme vraisemblables la combinaison de faits de violences allégués et le danger auquel la victime et/ou un ou plusieurs enfants sont exposés ;

Dans une telle situation, le Juge aux affaires familiales doit rendre l'ordonnance de protection dans les meilleurs délais[80].

– Lorsqu'une personne majeure est menacée de mariage forcé.

Dans une telle situation, le juge aux affaires familiales doit rendre l'ordonnance de protection en urgence[81].

Afin de lutter de façon plus radicale contre les mariages forcés, la loi du 4 août 2014, relative à l'égalité réelle entre les femmes et les hommes, a modifié les dispositions du Code civil. Alors que les qualités et conditions requises pour pouvoir contracter mariage étaient régies pour chacun des époux, sans dérogation, par sa loi personnelle, le nouvel article 202-1 du Code civil alinéa 1er, ajoute « *Quelle que soit la loi personnelle applicable, le mariage requiert le consentement des époux, au sens de l'article 146 et de premier alinéa de l'article 180* ».

80. Article 515-11 du Code civil issu de la loi n°2014-873 du 4 août 2014 pour l'égalité réelle entre les femmes et les hommes
81. Article 515-13 du Code civil

7-QUELLES SONT LES MESURES DONT JE PEUX BÉNÉFICIER ?

Dans le cadre d'une procédure visant à obtenir une ordonnance de protection, la personne ayant subi des violences peut demander au juge aux affaires familiales de se prononcer notamment sur[82] :

– les mesures relatives à la résidence séparée, au logement, à la prise en charge de celui-ci et aux relations financières entre les membres du couple ;

– les mesures relatives à l'exercice de l'autorité parentale et à la contribution à l'entretien et à l'éducation des enfants ;

– l'interdiction pour l'auteur des faits de recevoir ou de rencontrer certaines personnes spécialement désignées ainsi que d'entrer en relation avec elles de quelque façon que ce soit ;

– l'interdiction pour l'auteur des faits de porter une arme et lui imposer de la remettre au greffe ;

– l'autorisation pour la personne violentée de dissimuler son domicile et d'élire domicile chez l'avocat qui l'assiste ou la représente auprès du procureur de la République pour toutes les instances civiles dans lesquelles elle est également partie.

8-QUELLE EST LA DURÉE DE L'ORDONNANCE DE PROTECTION ?

Si le juge estime vraisemblables la commission des faits de violences allégués et le danger auquel la victime est exposée, il délivre une ordonnance de protection qui produit effet pour une durée maximale

82. Articles 515-11 et 515-13 du Code civil

de six mois et qui peut être prolongée si, durant ce délai, une requête en divorce ou en séparation de corps a été déposée ou si le juge aux affaires familiales a été saisi d'une requête relative à l'exercice de l'autorité parentale des enfants du couple.

Le juge peut, à tout moment, supprimer ou modifier tout ou partie des mesures, après avoir entendu les parties[83].

9-EST-CE QUE L'ORDONNANCE DE PROTECTION DOIT ÊTRE SIGNIFIÉE ?

L'ordonnance de protection est exécutoire à titre provisoire.

L'ordonnance est notifiée par voie de signification c'est-à-dire par acte d'huissier, sauf si le juge, soit d'office, soit à la demande de l'une des parties, décide d'une notification par lettre recommandée avec demande d'avis de réception à l'initiative du greffe ou par la voie administrative.

Aux termes de la notification, il est rappelé d'une part que le non-respect de l'ordonnance de protection par le défendeur constituerait une infraction pénale passible d'une peine de deux ans d'emprisonnement et de 15 000 euros d'amende[84]. Et, d'autre part, que le fait pour le débiteur tenu de verser une contribution au titre de l'ordonnance de protection de ne pas notifier son changement de domicile au créancier dans un délai d'un mois à compter de ce changement est susceptible d'être puni de six mois d'emprisonnement et de 7 500 euros d'amende[85].

83. Article 515-12 du Code civil
84. Article 227-4-2 du Code pénal
85. Article 227-4-3 du Code pénal

10-SI JE NE SUIS PAS SATISFAITE DE LA DÉCISION RENDUE, AI-JE UN RECOURS ?

L'ordonnance de protection est susceptible d'appel dans un délai de quinze jours à compter de sa notification, suivant les règles ordinaires avec représentation obligatoire[86].

B. EXISTE-T-IL D'AUTRES MESURES POUR LES COUPLES NON MARIÉS ?

En dehors de l'ordonnance de protection, le concubin ou le partenaire victime de violences peut saisir le juge aux affaires familiales uniquement en ce qui concerne les modalités de l'autorité parentale relatives à leurs enfants communs : fixation de la résidence habituelle des enfants, modalités relatives au droit de visite et/ou d'hébergement, fixation de la contribution à l'entretien et à l'éducation des enfants[87].

Toutefois, le juge aux affaires familiales n'est compétent que lorsque les ex-concubins ou partenaires vivent séparément.

Plus précisément, en matière de pensions alimentaires, il convient de préciser que la loi du 4 août 2014 est venue consacrer une mesure déjà mise en œuvre par les juges aux affaires familiales au titre de leur paiement à l'article 373-2-2, alinéa 2, du Code civil. À l'ancien alinéa disposant « *Les modalités et les garanties de cette pension alimentaire sont fixées par la convention homologuée visée à l'article 373-2-7 ou, à défaut, par le juge* », est ajouté « *Cette convention ou, à défaut, le juge peut prévoir le versement de la*

86. Article 1136-11 du Code de procédure civile
87. Articles 373-2 et suivants du Code civil

pension alimentaire par virement bancaire ou par tout autre moyen de paiement ».

Par ailleurs, s'agissant des modalités relatives à l'éviction du compagnon violent, le juge aux affaires familiales n'est pas compétent pour statuer sur de telles demandes à l'égard des couples non mariés.

Ainsi, s'agissant des couples non mariés, le juge aux affaires familiales n'intervient que lorsqu'il y a des enfants et à la condition que le couple soit séparé.

Quelles protections par le divorce ?

Les mesures urgentes se rencontrent dans le cadre des divorces contentieux.

Le prononcé de mesures urgentes par le juge aux affaires familiales a notamment pour objectif de faire sortir la femme victime de violences conjugales, de cette situation.

A. LES MESURES URGENTES

1-PUIS-JE BÉNÉFICIER DE MESURES URGENTES ?

En dehors de l'ordonnance de protection, l'épouse ayant subi des violences peut saisir le juge aux affaires familiales afin de solliciter le divorce, lequel peut prendre des mesures urgentes[88].

2-DOIS-JE SAISIR LE JUGE AUX AFFAIRES FAMILIALES ?

L'époux qui prend l'initiative d'engager une procédure de divorce, peut dès le dépôt de la requête demander au juge aux affaires familiales de prendre des mesures d'urgence par ordonnance sans débat contradictoire. Des mesures pouvant donc s'appliquer avant l'audience sur tentative de conciliation[89].

Le juge indique au bas de la requête les jours, heure et lieu auxquels il procédera à la tentative de conciliation.

88. Article 257 du Code civil
89. Articles 257 du Code civil et 1107 du Code de procédure civile

Dans la mesure où la procédure est en principe non contradictoire, l'époux demandeur est tenu de se présenter en personne quand il sollicite des mesures urgentes.

3-QUELLES SONT LES MESURES DONT JE PEUX BÉNÉFICIER ?

L'époux ayant subi des violences peut demander au juge aux affaires familiales de se prononcer sur :

– L'autorisation de l'époux demandeur à résider séparément, s'il y a lieu avec ses enfants mineurs. (Cette mesure coexiste avec l'ordonnance de protection) ;

– Il peut aussi, pour la garantie des droits d'un époux, ordonner toutes mesures conservatoires telles que l'apposition de scellés sur les biens communs ;

L'existence de violences conjugales constitue des motifs sérieux pour justifier le prononcé de telles mesures ;

– Les mesures relatives aux époux (attribution du domicile conjugal, pension alimentaire) ;

– Les mesures relatives aux enfants (autorité parentale, fixation de la résidence habituelle des enfants, fixation de la contribution à l'entretien et à l'éducation des enfants).

Néanmoins, contrairement à l'ordonnance de protection, le juge aux affaires familiales peut seulement autoriser l'un des époux à quitter le domicile conjugal, seul ou avec les enfants mineurs, mais ne peut pas contraindre l'époux violent de partir.

Ainsi, en cas de violences avérées, le recours aux

dispositions de l'ordonnance de protection est plus approprié que cette simple mesure d'autorisation de résidence séparée.

4-QUELLES AUTRES MESURES PEUVENT ÊTRE PRONONCÉES ?

La procédure visant à obtenir des mesures urgentes présente également l'avantage d'obtenir le prononcé d'une mesure conservatoire urgente visant à protéger les intérêts financiers de l'époux.

Ainsi, le juge aux affaires familiales peut ordonner le blocage des comptes bancaires, la mise sous séquestre d'un bien commun, la désignation d'un administrateur provisoire auquel est confié le patrimoine commun ou encore interdire au conjoint défendeur de conclure un acte sur un bien sans le consentement du conjoint demandeur.

5-QUELLE EST LA DURÉE DE CES MESURES URGENTES ?

La durée de ces mesures urgentes est limitée. Elles prennent fin lorsque sont décidées les modalités qui seront prises dans le cadre de l'ordonnance sur tentative de conciliation.

Elles pourront alors, suivant ce qui est nécessaire, être purement et simplement abandonnées ou bien être reprises, mais alors au titre des mesures provisoires prévues pour la durée de l'instance.

6-DOIS-JE FAIRE SIGNIFIER LA DÉCISION ?

L'ordonnance relative aux mesures urgentes étant rendue de façon non contradictoire, il est nécessaire de la faire signifier par voie d'huissier de justice pour la porter à la connaissance de l'autre époux et la lui rendre ainsi opposable.

L'ordonnance relative aux mesures urgentes n'est susceptible d'aucun recours[90].

B. L'ASSIGNATION À JOUR FIXE EN VUE DE L'AUDIENCE DE TENTATIVE DE CONCILIATION

L'épouse victime de violences peut, par l'intermédiaire de son avocat, assigner à jour fixe son époux violent en vue de l'audience sur tentative de conciliation, pour accélérer la convocation.

Afin de pouvoir assigner à jour fixe, il convient préalablement d'en faire la demande par voie de requête et de démontrer au juge aux affaires familiales qu'il existe une véritable urgence à statuer sur les mesures provisoires.

Si l'urgence est retenue par le juge aux affaires familiales, il fixera une date d'audience rapprochée et ne sera pas tenu de respecter le délai de quinze jours entre le moment de la convocation et l'audience de conciliation imposé en cas de dépôt d'une simple requête[91].

L'époux devra ensuite faire délivrer par voie d'huissier à son conjoint une assignation aux fins de tentative de conciliation à jour fixe.

90. Article 1107 du Code de procédure civile
91. Article 1108 al. 1du Code de procédure civile

Quelles protections à l'égard des enfants ?

A. DOIS-JE PROTÉGER MES ENFANTS DE CE CLIMAT DE VIOLENCES ?

Il faut savoir que les violences au sein du couple dont l'enfant est témoin ont les mêmes effets sur lui que s'il en était victime.

Le fait pour un enfant de voir des actes de violences peut avoir des répercussions sur le plan psychologique.

En effet, lorsque les enfants assistent à des actes de violences au sein de leur foyer, cela crée un climat d'insécurité et de peur permanents. Une telle situation ne peut qu'engendrer des traumatismes particuliers susceptibles de laisser de lourdes séquelles et conduire les enfants à intérioriser leur détresse en se repliant sur eux-mêmes.

Pire encore, certains enfants, lorsqu'ils sont témoins d'actes de violences peuvent être susceptibles de reproduire cette violence, unique exemple qu'ils connaissent de communication dans leur foyer et ce, soit dans les lieux publics (à l'école, dans la rue), soit dans les lieux privés (à leur domicile...).

B. COMMENT PROTÉGER MON ENFANT D'UN PÈRE VIOLENT À MON ÉGARD ?

En présence de violences conjugales, il est légitime de s'interroger sur la capacité du conjoint violent à développer une relation exempte de violence avec son enfant, alors qu'il n'y parvient pas avec sa conjointe.

Tant pour les couples mariés que non mariés, il est possible de solliciter devant le juge aux affaires familiales lorsqu'une procédure est diligentée par la mère victime de violences, que le père ne puisse bénéficier dans un premier temps que d'un droit de visite médiatisé[92]. Il s'agit d'un espace de rencontre désigné par le juge. Une telle mesure est généralement mise en œuvre par une association habilitée à cet effet.

En effet, dans les situations où le couple a des enfants et est séparé, *a fortiori* si le conjoint ou concubin violent a été évincé du domicile familial, la préservation du lien parental unissant les enfants au parent évincé doit se faire dans des conditions garantissant leur sécurité et celle du parent victime.

L'intervention de l'association ou du tiers pourra ainsi se limiter à un simple rôle d'intermédiaire pour l'échange des enfants afin d'éviter tout contact entre les deux parents, ou s'étendre à l'accompagnement des enfants pendant toute la durée de la rencontre. Tout agissement agressif ou violent de la part du mis en cause à l'égard du parent victime ou des enfants devra être signalé aux autorités judiciaires civiles comme pénales, qui devront verser les déclarations recueillies à la procédure pénale.

Par ailleurs, il est important de préciser que la loi prévoit en outre que « *Lorsque l'intérêt de l'enfant le commande ou lorsque la remise directe de l'enfant à l'autre parent présente un danger pour l'un d'eux, le juge en organise les modalités pour qu'elle présente toutes les garanties nécessaires. Il peut prévoir qu'elle s'effectue*

92. Article 373-2-9 du Code civil

dans un espace de rencontre qu'il désigne, ou avec l'assistance d'un tiers de confiance ou du représentant d'une personne morale qualifiée »[93].

Par ailleurs, la loi du 4 août 2014 a modifié le Code pénal pour préciser que le retrait total ou partiel de l'autorité parentale est possible en cas de condamnation pour crime ou délit commis par le père ou la mère de l'enfant[94].

C. EST-CE QUE MON ENFANT PEUT-ÊTRE ENTENDU DEVANT LE JUGE AUX AFFAIRES FAMILIALES, S'IL LE SOUHAITE ?

Conformément aux dispositions du Code civil[95], l'enfant ayant l'âge de discernement (à partir de 9-10 ans) peut être entendu par le juge aux affaires familiales.

À cet effet, il faut savoir que chaque enfant a le droit d'être assisté d'un avocat d'enfant, lequel est désigné au titre de l'aide juridictionnelle. Les avocats d'enfants ont reçu une formation en droit des mineurs et sont mieux à même d'accompagner les enfants devant un magistrat.

*

En tout état de cause, il est primordial de protéger les enfants de tout climat de violences et ce, dans la mesure où ils sont *de facto* exposés à une situation de danger.

Dès qu'un enfant se retrouve dans une telle situation, le juge des enfants peut être saisi.

93. Article 373-2-9 in fine du Code civil
94. Articles 221-5-5 et 222-48-2 du Code pénal
95. Article 388-1 du Code civil

D. DANS QUELLES CONDITIONS LE JUGE DES ENFANTS PEUT-IL ORDONNER UN PLACEMENT DE L'ENFANT ?

Lors de toute enquête relative à des faits de violences au sein du couple, les enquêteurs comme le parquet doivent impérativement examiner la situation des enfants du couple et la meilleure façon d'assurer la protection de ces derniers.

L'ordonnance de placement provisoire est la mesure par laquelle le juge des enfants confie le mineur à un service ou un établissement habilité pour une durée déterminée.

Une telle mesure peut être ordonnée lorsque la mère de l'enfant ne peut compte tenu de la gravité de la situation, prendre les mesures nécessaires à la protection de son enfant.

En effet, si la mère est trop fragilisée pour jouer son rôle parental de manière satisfaisante ou si les enfants sont directement victimes ou menacés d'actes de violences par le parent agresseur, sans que celui-ci ne puisse être évincé du domicile familial, le parquet peut ordonner, en cas d'urgence, le placement provisoire des enfants en situation de danger au sens de l'article 375-5 du Code civil. En application de l'ordonnance du 23 décembre 1958 et de l'article 375-5, alinéa 2, du Code civil, l'ordre de placement provisoire sera suivi d'une saisine du juge des enfants dans le délai de huit jours. Le parquet peut également saisir le juge des enfants afin que celui-ci statue sur l'opportunité d'ordonner ou non le placement des enfants.

De façon générale, afin que le parent victime ne ressente pas le placement de ses enfants comme une violence supplémentaire, il importe qu'il soit soutenu dans son rôle parental.

Par ailleurs, il existe d'autres mesures d'assistance éducative qui peuvent être prononcées par le juge des enfants.

En revanche, si la femme victime apparaît suffisamment apte à subvenir aux besoins matériels et affectifs des enfants, et si les violences ne touchent pas directement les enfants, le maintien de ces derniers au sein de la cellule familiale apparaît comme la solution la plus conforme à l'intérêt de ces derniers.

E. QUELLES AUTRES SOLUTIONS TEMPORAIRES AI-JE POUR PROTÉGER MES ENFANTS ?

En l'absence d'ordonnance de placement provisoire, si l'éviction du parent violent n'a pu être réalisée et si le parent victime n'a pu trouver une forme d'hébergement satisfaisante, il importe d'organiser un hébergement familial.

De la même manière, lorsque les forces de l'ordre interviennent au domicile familial et que la victime et les enfants apparaissent en situation de danger immédiat, les conditions d'un hébergement en urgence pour le parent victime et pour les enfants doivent être aménagées et un moyen de transport pour s'y rendre mis à leur disposition.

CONCLUSION

Reste une situation qui, encore aujourd'hui est insoluble : celle du concubin ou partenaire victime de violences physiques mais le plus souvent psychologiques, qui ne veut pas porter plainte.

Pourtant la cohabitation est invivable et aggrave de jour en jour les séquelles de ces humiliations quotidiennes. Cette personne ne dispose pas d'assez de preuves pour engager une ordonnance de protection et tant que le couple cohabite aucun juge n'est compétent pour ordonner et organiser leur séparation.

S'ils ont acheté leur domicile en commun il faudra attendre plusieurs années avant d'obtenir du tribunal de grande instance la mise en vente forcée de ce bien pour permettre à ce concubin ou ce partenaire violenté de pouvoir disposer de fonds pour se reloger et quitter le domicile. S'ils sont locataires le juge d'instance n'est pas compétent pour attribuer plus à l'un qu'à l'autre la jouissance du droit au bail du logement familial.

Pire, même s'il y a des enfants, le juge aux affaires familiales n'est pas compétent pour fixer la résidence des enfants et encore moins la contribution à l'entretien et à l'éducation des enfants alors que la violence au quotidien a des conséquences graves pour les enfants qui en sont témoins.

C'est le cas de Madame Y qui n'est malheureusement pas atypique. Cette jeune femme vit en couple depuis quinze ans, elle a deux enfants de son concubin dont elle dépend financièrement car elle travaille dans son entreprise. Le logement familial ne lui appartient qu'à 30% et elle ne peut même pas envisager de lui racheter sa part. Il boit de plus en plus et des disputes violentes éclatent tous les soirs. Elle est terrorisée. Elle n'a qu'un souhait : qu'il parte et donc obtenir l'attribution du domicile car elle ne sait pas où se loger ailleurs avec les enfants et une contribution pour leur éducation et entretien dans la mesure où elle n'a pas les moyens dans l'immédiat de subvenir à leurs besoins car elle risque de perdre son travail. Cependant tant qu'il y a cohabitation, le juge aux affaires familiales n'est pas compétent pour statuer sur cette situation et Madame Y n'a pas suffisamment de pièces pour obtenir une ordonnance de protection car elle ne veut pas porter plainte contre le père de ses enfants. La mise en vente forcée du domicile va être longue d'autant que Monsieur ne veut pas lui racheter sa part pour qu'elle puisse se reloger ailleurs et encore moins quitter le domicile même si dans quelques années il lui sera redevable d'une indemnité d'occupation.

Pour Madame Y, ce qui compte pour l'instant c'est de régler l'immédiat et en urgence. Elle n'aura pas d'autre solution que de quitter avec ses enfants le domicile pour aller vivre provisoirement chez ses parents, saisir alors le juge aux affaires familiales concomitamment pour qu'il statue maintenant qu'il y a décohabitation sur la fixation de la résidence des enfants, le droit de visite et d'hébergement du père et le montant de la contribution qu'il devra verser dans l'attente qu'elle retrouve un travail.

Nous avons alerté le ministère du Droit des femmes et celui de la Justice sur ce vide juridique qui concerne de plus en plus de personnes car même si le mariage a été étendu aux personnes du même sexe il n'en demeure pas moins qu'il est de moins en moins usité. À ce jour aucune réponse ne nous a été donnée.

LEXIQUE DES TERMES JURIDIQUES

A

Action civile : Action en réparation d'un dommage directement causé par un crime, un délit ou une contravention (article 2 du Code de procédure pénale). Appartenant à tous ceux qui ont personnellement souffert du dommage, elle peut être exercée, au choix de la victime, soit en même temps que l'action publique devant les juridictions répressives, soit séparément de l'action publique devant les juridictions civiles.

Elle doit être distinguée de la constitution de la partie civile, qui permet à la victime de mettre en mouvement l'action publique indépendamment de son droit à réparation, et donc de toute demande de ce chef.

Elle se distingue également de l'action de nature civile, qui est exercée devant les tribunaux civils en réparation d'un dommage, mais en l'absence de toute infraction pénale.

Action publique : Action portée devant une juridiction répressive pour l'application des peines à l'auteur d'une infraction. Même si elle peut être mise en mouvement par la partie civile, elle est toujours exercée par les magistrats ou par les fonctionnaires auxquels elle est confiée par la loi (article 1er du Code de procédure pénale).

Aide juridictionnelle : (loi n°91-647 du 10 juillet 1991) Cette institution est destinée à aider financièrement le plaideur dont les ressources ne dépassent pas une certaine somme. Elle lui permet de bénéficier totalement ou partiellement du concours gratuit d'un avocat, d'un huissier ou de plusieurs officiers ministériels, ainsi que de l'avance par l'État des frais provoqués par des mesures d'instruction.

L'aide juridictionnelle fonctionne devant les juridictions civiles, pénales, administratives. Elle peut être accordée, également en vue de parvenir à une transaction avant l'introduction de l'instance. Elle englobe l'intervention de l'avocat au cours de la garde à vue et lors de la médiation pénale.

Assignation : Acte de procédure adressé par le demandeur au défendeur par l'intermédiaire d'un huissier de justice, pour l'inviter à comparaître devant une juridiction de l'ordre judiciaire et valant, devant le tribunal de grande instance, conclusions pour le demandeur (articles 55 et 56 du Code de procédure civile).

Assistance éducative : Ensemble des mesures qui peuvent être prises en charge par le juge des enfants lorsque la santé, la sécurité ou la moralité d'un mineur non émancipé sont gravement compromises. Le juge peut ordonner le placement de l'enfant hors de sa famille ou le maintenir dans son milieu en imposant le respect de certaines obligations (articles 375 et suivants du Code civil).

Autorité parentale : Pouvoir que la loi reconnaît aux père et mère sur la personne et les biens de leur enfant mineur et non émancipé. C'est un ensemble de droits et de devoirs ayante pour finalité l'intérêt de l'enfant : le protéger dans sa sécurité, sa santé et sa moralité, assurer son éducation et permettre son développement, dans le respect dû à la personne. Elle est en principe exercée en commun par les parents (articles 371-1 et 372 et suivants du Code civil).

C

Cour d'assises : Juridiction répressive compétente, en premier ressort ou en appel, pour juger les crimes. À raison d'une cour d'assises par département, elle est composée de deux catégories de membres délibérant ensemble : d'une part, trois magistrats professionnels qui forment la Cour, d'autre part les jurés de jugement non professionnels qui forment le jury, au nombre de six lorsque la cour statue, en premier ressort et de neuf lorsqu'elle statue en appel, tous étant désignés par tirage au sort, à partir des listes électorales (articles 231 et suivants du Code de procédure pénale).

Commission d'indemnisation des victimes d'infractions : Juridiction civile siégeant au tribunal de grande instance, compétente pour accorder, dans certaines conditions, une réparation aux victimes d'une infraction pénale lorsqu'elles ne peuvent être indemnisées à un autre titre (auteur inconnu, insolvable), réparation ensuite prise en charge par le fonds de garantie des victimes des actes de terrorismes et des autres infractions (articles 706-3 et suivants du Code de procédure pénale).

Contrôle judiciaire : Mesure restrictive de liberté qui astreint la personne mise en examen (inculpé) ou le prévenu à se soumettre à une ou plusieurs obligations légalement définies, choisies en vue des nécessités de l'information ou pour des raisons de sécurité (articles 137 et suivants du Code de procédure pénale).

Crime : Infraction de droit commun ou infraction politique sanctionnée, pour les personnes physiques, de la réclusion ou de la détention à perpétuité ou à temps, voire d'une peine d'amende et de peines complémentaires (article 111-1 du Code pénal).

D

Délit : Au sens large, le délit est synonyme d'infraction. Au sens strict, le délit est une infraction dont l'auteur est punissable de peines correctionnelles (article 111-1 du Code pénal).

Détention provisoire : Mesure d'incarcération d'un mis en examen pendant l'information judiciaire ou d'un prévenu dans le cadre de la comparution immédiate (articles 137 et suivants du Code de procédure pénale).

E

Enquête de flagrance : Enquête particulière applicable pour les crimes et les délits flagrants punis d'emprisonnement, qui donne à la police judiciaire, en raison de l'actualité de l'infraction, des pouvoirs plus étendus que l'enquête préliminaire, afin de rechercher tous renseignements utiles à l'aide de moyens coercitifs (articles 53 et suivants du Code de procédure pénale).

Enquête de police : Ensemble des opérations d'investigations menées préalablement à la saisine des juridictions compétentes par les officiers et agents de police judiciaire, en vue de constater les infractions à la loi pénale, d'en rassembler les preuves et d'en rechercher les auteurs.

Enquête préliminaire : Enquête diligentée d'office ou à la demande du parquet par la police ou la gendarmerie avant l'ouverture de toute information et permettant au ministère public d'être éclairé sur le bien-fondé d'une poursuite (articles 75 et suivants du Code de procédure pénale).

I

Instruction ou information judiciaire : Phase de l'instance pénale constituant une sorte d'avant-procès qui permet d'établir l'existence d'une infraction et de déterminer si les charges relevées à l'encontre des personnes poursuivies sont suffisantes pour qu'une juridiction de jugement soit saisie. Cette phase en principe facultative en matière de délit, obligatoire à deux degrés en matière de crime, est menée d'abord par le juge d'instruction ensuite éventuellement par la chambre d'instruction (articles 79 et suivants du Code de procédure pénale).

J

Juge aux affaires familiales : Juge du tribunal de grande instance délégué aux affaires familiales. Plus précisément, chargé de veiller à la sauvegarde des intérêts des enfants mineurs, il connaît essentiellement : du divorce et de la séparation de corps, des actions liées à la fixation de l'obligation alimentaire, de la contribution aux charges du mariage et de l'obligation d'entretien, à l'exercice de l'autorité parentale, etc.

Cette fonction peut être assurée par la formation collégiale du tribunal de grande instance, par renvoi du Juge (articles L.213-3 et L.213-4 du Code de l'organisation judiciaire).

Juge des enfants : Magistrat du tribunal de grande instance dans le ressort duquel siège le tribunal pour enfants. Véritable spécialiste des problèmes de l'enfance, il a des attributions pénales et civiles. En matière pénale, il a tout à la fois juridiction d'instruction et de jugement pour les infractions commises par les mineurs. En matière civile, il est compétent dans le domaine de l'assistance éducative et plus généralement lorsqu'un mineur doit être protégé et assisté (article L. 252-1 et suivants du Code de l'organisation judiciaire).

M

Ministère public : Ensemble des magistrats de carrière (procureur de la République) qui sont chargés, devant certaines juridictions, de requérir l'application de la loi et de veiller aux intérêts généraux de la société.

Mis en cause : Personne visée par la plainte de la victime d'une infraction pénale ou par un témoin et contre laquelle il existe des indices rendant vraisemblable qu'elle ait pu participer à la commission de l'infraction dont est saisi un juge d'instruction. Cette personne est entendue comme témoin assisté.

P

Plainte : Acte par lequel la partie lésée (victime) par une infraction porte celle-ci à la connaissance du procureur de la République (article 40 du Code de procédure pénale).

Plainte avec constitution de partie civile : Acte par lequel la partie lésée (victime) par un crime ou un délit met l'action publique en mouvement devant le juge d'instruction et, le cas échéant, exerce l'action civile (article 85 du Code de procédure pénale).

Prévenu : Personne contre laquelle est exercée l'action publique devant les juridictions de jugement en matière correctionnelle et contraventionnelle.

Procureur de la République : Magistrat placé à la tête du ministère public près le tribunal de grande instance. Il est parfois assisté d'un procureur adjoint et presque toujours d'un ou plusieurs premiers substituts et substituts (articles L.122-1 et suivants du Code de l'organisation judiciaire).

R

Réclusion criminelle : Peine criminelle de droit commun, perpétuelle ou temporaire de trente, vingt, quinze ans au plus, dont l'objet est la privation de liberté du condamné.

S

Signification : Formalité par laquelle le plaideur porte à la connaissance de son adversaire un acte de procédure (assignation, conclusions) ou une décision de justice. Elle est toujours effectuée par un huissier de justice (article 651 du Code de procédure civile).

T

Tribunal correctionnel : Formation du tribunal de grande instance compétente en matière de délit pénal (articles 381 et suivants du Code de procédure pénale).

COORDONNÉES

Violences conjugales info Tél. 3919

Accueil téléphonique du lundi au samedi de 8 h à 22 h, les jours fériés de 10 h à 20 h

Viols femmes informations SOS VIOLS : 0800 05 95 95

Collectif féministe contre le viol : 01 45 82 73 00

Bureau des victimes N° Vert 0800 17 89 05

Accueil téléphonique du lundi au vendredi de 9 h à 17 h

Pour les victimes d'infractions pénales 10 boulevard du Palais Paris 75001

ADRESSES DES LIEUX D'ACCUEIL ET D'ACCOMPAGNEMENT

Espace Solidarité 01 43 48 18 66

Accueil téléphonique du lundi au vendredi de 10 h à 18 h 30

Centre du psychotrauma de l'Institut de victimologie

01 43 80 44 40 - Accueil téléphonique du lundi au vendredi de 10 h à 12 h 30 et de 13 h 30 à 16 h (sur RDV)

Mouvement français pour le planning familial

01 42 60 93 20 - Accueil téléphonique du lundi au vendredi de 9 h 30 à 17 h

N° Vert 0800 803 803 - Accueil téléphonique du lundi au vendredi de 9 h 30 à 19 h 30, samedi de 9 h 30 à 12 h 30

01 45 84 78 25 - Accueil téléphonique le mercredi et vendredi de 10 h à 16 h

Fédération nationale solidarité femmes (FNSF)

01 40 33 80 90 - Accueil téléphonique aux horaires de bureau

www.solidaritefemmes.fr

Numéro d'information de la Ville de Paris pour vous orienter Tél. 3975

PAV (Paris aide aux victimes)

01 45 88 18 00 - Accueil téléphonique du lundi au vendredi (sur RDV) de 9 h à 17 h

PAV - Antenne du Nord

01 53 06 83 50 - Accueil téléphonique du lundi au vendredi de 9 h 30 à 17 h 30

INFORMATIONS JURIDIQUES

Avocats femmes et violences

0820 20 34 28 - Permanence téléphonique destinée aux femmes victimes de violences assurée par des avocats les lundis, mardis jeudis de 15 h à 19 h

CIDFF de Paris (Centre d'information sur les droits des femmes et des familles de Paris) 01 44 52 19 20

Les Maisons de la justice et du droit (MJD)

MJD Paris nord-est : 01 53 38 62 80

MJD Paris nord-ouest : 01 53 06 83 40

MJD Paris sud : 01 45 45 22 23

Les Points d'accès au droit (PAD)

PAD 13e : 01 55 78 20 56

PAD 15e : 01 45 30 68 60

PAD 18e : 01 53 41 86 60

PAD 19e : 01 53 38 62 30

PAD 20e : 01 53 27 37 40

accesaudroit@paris.fr

ACCUEIL DES MINEURS

Allo enfance maltraitée Tél. 119

N° d'urgence gratuit 24h/24, 7j/7

Antenne des mineurs du Barreau de Paris

01 42 36 34 87 - Accueil téléphonique du lundi au vendredi de 14 h à 17 h. Accueil gratuit et confidentiel

Brigade de protection des mineurs 01 49 96 32 55

Les enfants exposés aux violences dans le couple

Centre du psychotrauma de l'Institut de victimologie

01 43 80 44 40 - Accueil téléphonique du lundi au vendredi de 10 h à 12 h 30 et de 13 h 30 à 16 h (sur RDV)

COORDONNÉES UTILES POUR LES FEMMES ÉTRANGÈRES VICTIMES DE VIOLENCES

ACORT (Assemblée citoyenne des originaires de Turquie)

Groupe femmes : 01 42 01 12 60 - Accueil téléphonique du lundi au vendredi de 10 h à 18 h

femmes@acort.org

ASFAD (Association de solidarité avec les femmes algériennes démocrates)

01 53 79 18 73 - Accueil téléphonique du lundi au jeudi de 10 h à 18 h (sur RDV)

asfad@free.fr

ATF (Association des Tunisiens en France)
Groupe femmes : 01 45 96 04 06

CAMS (Commission pour l'abolition des mutilations sexuelles) 01 45 49 04 00

CIMADE

01 40 08 05 34 et 06 77 82 79 09 - Accueil téléphonique le mercredi toute la journée. Accueil des femmes victimes de violences dans le cadre de l'obtention de titres de séjour

Femmes solidaires

01 40 01 90 90 - Accueil téléphonique du lundi au vendredi de 10 h à 16 h. Accueil des victimes sur RDV

femmes.solidaires@wanadoo.fr

GAMS (Groupe femmes pour l'abolition des mutilations sexuelles et mariages forcés)

01 43 48 10 87 - Accueil téléphonique le mardi et jeudi de 10 h à 17 h (sur RDV)

association.gams@wanadoo.fr

Ni putes, ni soumises 01 53 46 63 00

acvictime@niputesnisoumises.com

RAJFIRE (Réseau pour l'autonomie des femmes immigrées et réfugiées)

01 44 75 51 27 - Accueil téléphonique les 2e et 4e mardi du mois de 16 h 30 à 20 h

rajfire@wanadoo.fr

rajfire@free.fr

EN MATIÈRE DE VIOLENCES FAITES AUX FEMMES AU TRAVAIL

AVFT (Association européenne contre les violences faites aux femmes au travail)

01 45 84 24 24 - Accueil téléphonique du lundi au vendredi de 9 h 30 à 15 h, le mardi de 18 h 30 à 20 h 30

BP 60 108 - 75561 Paris Cedex 12

contact@avft.org

www.avft.org

Inspection de travail

01 44 84 41 00 - Ouvert du lundi au vendredi de 9 h à 12 h et de 13 h 30 à 16 h 30

REMERCIEMENTS

Remerciements à Colette Holstein, Sonia Cohen-Lang, Michelle Bernard-Requin, Hélène Colonna-Bourdon et tous les membres d'AfV, notre service presse Marie Mancel et Camille Balagi et mon amie Catherine Argand.

Nous tenons également à remercier Laurence Le-Tixerant ainsi que toutes les autres personnes travaillant au Bureau des associations du Barreau de Paris.

Achevé d'imprimer sur les presses de
In Tempo en décembre 2015
Dépôt légal : décembre 2015
N° d'impression : 511303